経営コンサルタント・税理士
戸田裕陽
Toda Yasuharu

こうすれば会社は伸びる！

今から取り組める65の基本

万来舎

はじめに

本書は、中小企業を対象としています。中小企業が、その業績をいかにして伸ばすかをテーマとして追ってみました。私も長い期間、会計事務所と経営コンサルタント会社を経営してきましたが、予想以上に伸びた企業とか、また意に反して倒産した企業とかを、イヤというほど見てきました。そのなかで業績を大きく伸ばした企業の諸策の中から、どなたにもできそうなものを選んで取り上げてみました。

そんなに難しいものはありません。どなたにもすぐできることばかりです。早速トライしてみてください。

才能ある社長で、誰が見ても将来は良い会社を創り上げるだろうなと嘱望されていた人の会社が倒産したような場合、周囲は大きなショックを受けます。その反対に、いつ倒産してもおかしくないような会社の社長が、隆々と業績を伸ばしている姿を見ることもできます。拍手喝采です。

「企業は生きもの」とは昔からいわれている言葉ですが、正しくそのとおりです。社員数１０００人の赤字会社が、社長交代でアッという間に黒字転換することは、よくあることです。

企業が躍進を続けることができる要因にはいくつかありますが、まず第一に**社長の存在**です。社長の意志がどこにあるのか、血の出るような苦労をしてもいいから、会社を立派に育て上げたいと思っているのか、代表取締役の名に甘えて満足していれば良いのか、この点が運命の分かれ目になります。

次に**資金力**です。気持ちはあるけれども十分な資金が用意できず、初めから借入金依存なのか、または全額自己資金なのか、この辺も無視できません。

そして最後は**社長の人間力**です。

人を惹きつける魅力、人を育て上げる愛情と能力、何事にもめげない強い信念等を総合した人間力が、勝敗のキーとなります。

経営者の道は、天国と地獄です。ビジネスが順調に発展するならば、富と名声を得ることができますが、万一倒産した場合には、地獄の苦しみを味わうことになります。

本書で取り上げているテーマは、難しくありません。ほんの少しだけ考え方を変えれば、どなたにもできることばかりです。早速トライしてみてください。会社の業績はもちろん伸びますが、テーマを乗り越えるたびにあなた自身が強い自信をもてるようになりますので、乞うご期待です。奮闘を期待しております。

平成27年1月
戸田裕陽

こうすれば会社は伸びる！

今から取り組める65の基本

目次

第1章

会社の業績を悪化させる要因は何なの？

第2章

このような人は社長になってはダメ、会社を潰します

第3章

社員を育てる

第4章

顧客管理の良否が命運のカギ

第5章

今すぐ、これをやりましょう、効果抜群

第6章

自己変革をイメージする

デザイン／鈴木伸弘

第1章

会社の業績を悪化させる要因は何なの？

1
社長をやってはいけない人が、社長になったとき

会社の業績悪化にはいろいろな要因がありますが、まず最初に挙げるべきは社長です。社長に相応しくない人物が社長になったとき、例外なく会社の業績は低迷します。たとえば、明確な指示命令を出すことができない人が社長になったとき、社内は大混乱に陥ります。その結果業績も低迷し、ライバル企業に差をつけられてしまいます。会社の基本的方針や施策は、社長が高所から声高らかに繰り返すことによって、少しずつ定着してくるからです。

どのようなタイプの人が、社長業に適するのか適さないのかの判断は次章に譲るとして、**人間にはその人に見合った能力が必ず備わっています**。優しい人柄で誰からも好かれる人。美人だけれどもツンとしていてとっつきにくい人。仕事ができて意志も強い、しかし独断的で人に対する思いやりが足りない人。学術的・芸術的分野に優れている人等さまざまです。しかし生まれながらにして持ち合わせているこれらの特徴も、新しいポストに就くことに

より豹変することがありますから、心しておく必要があります。むしろ新しいポストに就くことにより、**今までの自分を捨て新しいポストが求める人物像に近づいていく努力**をするという考え方が正しいのです。それをやろうとせず、どのようなポストに就いても自分は自分だからと主張するだけでは能がありません。

ある事例ですが、画家志望の一人息子が、父親が残してくれた会社の社長に就任するため、自分の夢を諦めざるを得なくなりました。父親の代から会社のために尽力してくれた社員のことを考えると、彼は自分の夢を諦め、社長業に専念する道を選択したのです。その息子さんは内向的な性格であったため、会社に馴染むため血の出るような努力を求められました。しかし彼はやり遂げたのです。社員が20人くらいの小さい会社でしたが、現在では父の会社を継ぐことができたと喜んでおります。

社長をやってはいけない人が社長になったとき、間違いなく会社の業績は悪化していきます。行く末は倒産ということも十分考えられます。具体的に社長をやってはいけない人については、次章で述べていますので参考にしてください。故に社長の任命責任者は非常に大きな責任を負うことになります。情実に流されず、客観的にその人物の能力や生い立ちを詳しく吟味し、慎重に次期社長を決めていくことが必要になります。世襲という考えはかなぐり捨て、たとえ自分の子供たちであっても、**能力のない者には継がせない**という強い覚悟が必要です。

また社長就任を要請された人物が、自分にその能力が備わっていないことを認めた場合、あるいは自分は別の道を進むんだという強い願望のあるときは、社長就任の道は断固断るべきです。そうすることにより、会社の業績悪化を免れ、適任者の社長就任により業績好調の波に乗れるかもしれません。選任する方も選任される方も、冷静に現実を見極め、**「会社丸」の操縦に適した人物を選択**することが、業績悪化を食い止める最初の一歩です。

2 取扱い商品やサービスが時代遅れでは踏み潰される

２か月ほど前、わが家の愛犬「レオ」が、14年間の生涯を終えました。雄のゴールデン・レトリバー種でしたが、大型犬の平均寿命12年を基準に考えてみると、よく頑張ってくれた方です。親バカといいますか、わが家のリビングには未だに「レオ」の仏壇が置いてあります。そして朝晩２回の焼香は、欠かしたことがありません。祖先である人間様は、朝１回だけなのに、犬だけは朝晩の２回です。さらに人間の仏壇で使うロウソクは、棒状のものでごく一般的なものですが、犬の仏壇で使うロウソクは棒状のものではなく、少しオシャレなブリキのケースに入ったロウソクなんです。

実はこの丸型のロウソクが曲者《くせもの》なんです。価格は人間用の一般的なロウソクに比べはるかに高いのですが、この丸型のそれはすぐ使えなくなってしまうのです。といいますのは、ロウの真中にあるロウソクの芯が非常に小さく、すぐ燃え尽きてしまうのです。周りにはロウがたくさんあるのに、ロウソクの芯が小さ過ぎるため、すぐ使えなくなってしまいます。丸いロウソクの芯の周りには、まだ新しいロウがたくさん残っているのに、芯が燃え尽きてしまうため、未使用のロウがたくさん残ることになります。それでも継続して使用することはできず、ついには捨てる破目になるわけです。

そこで私は気づきました。「ウーンなるほど、このロウソクの芯が細くて短いのはメーカーの戦術なんだな」、こうしておけば、このロウソクを長く使用することができない。要するに買い増し需要を期待するのであれば、芯は細くて短い方がメーカーにとっては良いのだと。

ところがライバル企業が、同じようなロウソクの芯の形状をもっと太いものにし、そしてもっと長いものに切り替えたら、このロウソクメーカーは負けてしまうであろうな、と勝手に考えてしまいます。

しかし未だに、長時間使える丸型のロウソクに出合ったことがありません。もしそのようなロウソクを売るメーカーが出現したら、その商品は間違いなく売れるだろうに、と勝手に想像してしまいます。

もう１つ、私がいつも感じている不満を書いてみます。洗顔するときやお風呂に入ったときに使う化粧石鹸ですが、使い始めのうちは泡立ちも非常に良く、気持ち良く使えますが、半分くらいになると少しずつ泡立ちが悪くなり、使い勝手があまり良くありません。もしこれが、せめて最後まで泡立ちの良い石鹸であったらいいのになァと、いつも思ってしまいます。もしこんな石鹸が売り出されたら、間違いなくヒット商品になることでしょう。

科学の進歩には、目を見張るものがたくさんあります。しかしその裏側では、旧態依然から抜け出すことができず、固い石頭で通している会社も数多くあります。しかしここで大切なことは、あなたの業界がどの業界であろうとも、あなたの会社は**同業他社より絶えず進んだ商品やサービスを、クライアントに提供しなければならないという使命感**をもつことなんです。これができない限り、あなたの会社は他社より優位に立つことができません。

当社はいつも同業他社より進んだ商品やサービスを提供しているんだという自覚が会社全体に満ち溢れ、社員の１人ひとりが誠意をもってクライアントにそれらを提供する作業が、必ずや良好な営業成績となって表れてきます。

いかがでしょうか。御社の商品とサービスは、時代遅れになっていませんか？

3 新商品開発に弱い企業は生き残れない

コンビニが、「商品配達」をしてくれるということをご存知でしたか？　これは都市部のコンビニの話ではありません。地方都市の話です。

老人の居住比率が高く、自分たちで車を運転して買物に来られない人たちの多い地域での話です。コンビニは駅周辺にあり、勤め帰りの人たちが帰り際に買物をするという業態のお店ですが、そのコンビニが商品を配達してくれるというのだから、これは驚きです。山間部の人々にとっては大きな朗報です。

コンビニの商品配達業務は、新商品開発ではありませんが、新しいサービスの開発に該当します。商品であれ、サービスであれ、**消費者が求めるものを提供していくことがビジネス**です。

環境が変化するに伴い、人々のニーズも変わっていきます。商品やサービスを提供する側が、エンドユーザーのニーズに合わせてその内容を変化させていくことが強く求められています。

商品を売るだけという物販業では、商品そのものに改良を加えることはできません。自社生産の場合は別ですが……。しかし、その商品を販売する段階において、他商品を加えて従来にない使い方を提案することはできます。これは新商品を開発するのと全く同じです。

このようなことを絶えず考え、消費者に提案していくことは一見難しそうに思われがちですが、実はこれは実に楽しいことなんです。一度やり出したらやめられません。近くにある同業他社に勝ち抜くためには、何をなすべきであろうか。

これをいつも考え続けます。他社の営業終了時間が午後9時である。じゃウチは午後10時まで営業しよう。他社は週休2日制である。じゃウチは交代制にして休日を週1回にしよう。他店で売っているショートケーキのサイズは普通サイズである。じゃウチは価格を少し上げてもいいから、もっと大きなショートケーキを食べてもらおう。

ざっと思いつくままに書いてみましたが、厳密にいいますと、これらは他社との「差別化」です。実はこれでいいのです。このように考え、実行することによって必ず他社との差がついていき、あなたの会社の業績は必ず良くなっていきます。

「新商品開発に弱い企業は生き残れない」というテーマですが、必ずしも商品である必要はありません。新しいサービスでも十分闘えます。

大切なことは、**同業他社が実施していない新商品や新サービスを追求していかないと、勝ち残ることはできないという理念を、社長以下全社員が共有すること**なんです。もしこの状態を社内でキープできるのであれば、無限のアイデアが社内から湧き上がってくること必定です。その反対にこのようなムードのない無気力な会社では業績を伸ばすことができません。

私には是非やってほしいサービスが1つあります。これは消防法等の法律により100%無理な注文ですが、車輌への給油をガソリンスタンドに行くのではなく、給油車が自宅に来て給油してくれるというサービスなんです。現状ではどう考えても無理な注文ですが、何十年かしたらできるかもしれませんね。GSでの給油が、セルフでもOKになったのですから！　無理を承知で改善を求める、この発想が非常に重要なんです。

4 財務体質の弱い会社は倒産する

財務体質などとちょっと堅い言葉を使っていますが、わかりやすくいいますと、**借金経営の会社は、倒産する確率は高い**ですよ、ということなんです。ですから、あなたの会社を借入金のない会社にすればいいんです。そんなに難しいことではありませんが、多少時間がかかることと、社長さんの強い覚悟が求められます。

10年間好景気が持続したことがあったでしょうか。私の記憶では、4～5年間は確かにありましたが、10年間好景気が持続したという記憶はありません。リーマンショックによる大不況で、多くの企業がふるいにかけられたことは、つい昨日のことのように思い出されます。
もし仮に好景気が10年間続く保証があるならば、創業時は借金だらけでも、その10年間である程度の額は返済できるので問題ありませんが、そうは問屋が卸しません。

財務体質の面から考えますと、創業時の財務面を考察する必要があります。会社を設立して新しい事業を始めようと考える人は、誰でも気が急く傾向があります。必要資金が十分貯まっていないのにスタートしたくなります。そのため自己資金は3分の1しかないのに、残りの3分の2は知人友人、親兄弟から借金してスタートするケース等が多く見られます。

会社がスタートしました。初めのうちは好調に推移していますが、間もなく不況期にブチ当たります。一生懸命働くんですが業績は思わしくなく、次第に借金の返済が重くのしかかってきます。本来であれば売上を上げ社内管理を好調にキープしなければならない社長が、朝から晩まで資金繰りのため奔走しなければならなくなります。このような状態に突入しますと、もうダメです。まともな仕事はできません。

財務体質の強い会社を作り上げるためには、重要な留意点が3つあります。

その1点は**会社を立ち上げようとしたとき、必要資金は全額自分で準備する**ということです。親からも友人からも借金することなく、完全に自分でその資金を貯めてからスタートすることです。必要資金が貯まるまで事業をスタートさせません。この厳しい自己管理を行うことによって、創業後に遭遇する諸々の困難に打ち克つことができます。このため志を立ててから創業するまでに、10年とか15年とかの長い年月を要することもあります。しかしこのように苦労して会社を立ち上げた社長は、ちょっとやそっとの苦難には音を上げることがありません。またこのような苦難の道を歩んできた社長ならば、通常であれば2千万円かかる開業資金を、半額の1千万円で仕上げる工夫をすることができます。

2点目は、**一度開業したら以後借金をしない**ことです。毎期利益を出さないと、借金依存体質になってしまいますから、初年度から利益を狙っていきます。その方法を必死で考えます。そしてそのとおり、1年目から利益を出して税金も納めます。そうすることによって営業活動に使う資金は自己資金のみになり、借入金はありません。

3点目は、**毎期の利益を売上に対し年8%確保する**ことです。業種によりこの比率は変動しますが、1つの基本的な考え方として、年8%を頭に叩きこんでください。もっと高い会社も低い会社もありますが、基本線はこの近辺です。

ご承知のように、わが国における法人の実効税率は利益の35%です。税金を支払っても利益の65%は内部留保となり、借金に頼らなくても自己資金で会社運営ができるようになります。売上純利益率8％の状態を10年間続けてみてください。自己資本比率70％以上の財務体質の強い会社が出来上がります。もちろん無借金です。ここまで来ると、通常の不況が来ても何も心配いりません。何も心配しなくても、十分乗り切ることができます。

財務体質の強い会社、言い換えれば儲かる会社を作りましょう。

5 社員のモラール（職場士気）が低すぎる

私は職業柄多くの会社を訪問しますが、社員のヤル気に溢れている会社は、比較的少ないように感じます。もちろん皆さんは一生懸命頑張っておられるのでしょうが、会社としての力強さが社員の間から伝わってこない、ということです。

これにはさまざまな原因が考えられます。

給料が少ない、福利厚生面が充実していない、人事考課がいい加減、１００％固定給制である、教育訓練らしきものがない、会社の方針が不鮮明だ、役員クラスの人々が真剣に働かない等、数え上げたらキリがありません。

その会社のモラールが高いか低いかを調べるには簡単な方法があります。時間帯を変えて、その会社に３回電話をしてみてください。電話応対の感じが３回とも良好な場合は、その会社の社員のモラールは高いと思って結構です。間違いありません。その反対に１回でも感じの悪い電話応対があった場合には、ちょっと首を捻ってください。

電話応対の良否は、会社の生命線です。

電話で感じの良い相手に出会えれば、資料を送ってほしいとか、説明に来てほしい、またはこちらからお伺いしたいという話になって、商談につながる可能性が大きくなります。しかしその反対に、感じの悪い場合には不快感が生じてしまい、それっきりになってしまいます。

電話応対の件は、つきつめて考えていくと、会社の社員教育の問題になります。会社側が電話応対の重要性や意味、それから詳細な話法例を教えていかないと、社員は上手に行うことができません。その先に、社員のヤル気の問題が浮上してきます。

社員のモラールが低いという問題を、社員側の問題として捉えるか、会社側の問題として捉えるかということになりますと、私は会社側の問題になると認識しています。もちろん社員の中には、いかように教育してもダメな社員がいます。しかしこのような例は少ないです。素質が悪くても、経験が少なくても、会社側、特に社長が誠意をもって社員を教育すれば、余程でない限り少しずつ改善されていきます。

ウチの会社は、給料が他社に比べて安いから社員たちが一生懸命働かないんだと考えておられる社長さんがおられますが、これは間違いです。

現在はわが社の収益状況が非常に悪く、現在はこれだけしか給料を支払うことができない、しかしこれから全員で頑張って業績を上げたら世間並みの水準にしますよ、というような**誠意あるメッセージを社員に伝えないとダメ**です。社員のモラールが低い会社には、共通した欠点があります。その欠点とは、社員に対する会社からのメッセージが少ないことです。会社からのメッセージとは社長からのメッセージのことですが、全社員の前で話すことが苦手な社長さんは、よく注意してください。話し方は下手でも構いませんが、自分の考えを社員の前でよく話すようにしてください。

「現在の環境はこうである。だから企業はこうしなければならない。そこで働く人々の意識はこうあってほしい、当社の方針はこうであるから各自目標に向かって全力で頑張ってもらいたい」等の話をよくすべきです。まあこれが社員教育なんですが……。良くない素材の人間でも、繰り返し教えることにより少しずつ良くなっていきます。

社員のモラールが低いという問題は、私が見る限り、社員だけが悪いということではなく、会社側が社員を教え育てる努力を怠っているという点に尽きると思います。

6 立地条件や施設の悪さは、業績悪化の原因とならない

若いころの私は「焼き肉」が大好物で、美味しい店を探してよく食べ歩いたものです。そのなかで自分なりにつかんだ経験則ですが、値段が安くて美味しい店は、駅前や繁華街よりも、あまり人通りの多くない、ロケーション的には不利な場所にある店の方が多かったよう

な気がします。駅前や繁華街はロケーションが良いですから、特別なことをしなくてもある程度客は入ってくれます。しかしロケーションの良くない場所にある店は、値段が安いとか、すこぶる美味しいとか、店主と昵懇とか、何らかの特徴がないと客は来てくれません。当時の私は味と値段が勝負でしたから、比較的ロケーションの良くない店を探していたのかもしれません。

新しく事業を始める場合もそうです。

誰しもが駅に近い、比較的新しいビルで事業所を構えたいと思います。しかしそのような場所では、コストが高くなります。

入居権利金、家賃、管理費等も高額になり、毎月の経営コストを圧迫していきます。またそのような事業所に入居すると、社内で使用する什器備品等もすべて新品を用意したくなります。業務用机や椅子、電話機、コピー機、応接セット等の購入も、すべてピカピカの新品で揃えたくなります。そうして創業時に用意した手許資金を急速に減らしてしまいます。

開業時から売上がグングン上がってくる場合であればまだよいのですが、一般的にはこのような例は稀です。営業活動は精一杯頑張っていますが、売上はなかなか上がらないのが現実です。そのうちに資金ショートをおこし、営業活動以外の金策に走り回るようになります。

売上が立地条件に比例して上下する場合には、多少無理してでもそのような場所を確保すべきでしょう。また実際に、そのような業種はあります。

しかしほとんどの業種ではそのような傾向はありません。むしろ**他社にないような素晴らしい特徴を打ち出し、それを武器にしてオープン投資額を極力少なくする**というセンスがこれからの経営者には求められます。見栄を張らずに初期投資は抑え、権利金や家賃の安い場所を選び、社内で使用する机や備品等は中古品でもＯＫです。その代わり会社としての特徴を強く打ち出し、それによってクライアントを引きつけるという作戦が効果的です。

本章の４で、創業資金は借入金に頼らず全額自分で用意する、その金額が貯まるまでは創業しない、という趣旨のことを書きました。これを読んでビックリされた方は多いと思います。さらに創業後も借入金に依存しない経営、なんて読んでさらに驚かれたと思います。

しかし事業を起こす際、この考え方は非常に大切なんです。事業失敗の原因を１つだけ挙げよと問われたら、私は「借金依存体質」と答えます。もちろんビルを建築するとかの場合は別枠で、当然銀行ローンを利用しないと不可能です。

特別の場合は別として、通常のビジネスでは借金はしない、と考えるべきです。

そのように考えるだけで、目線が遠くなります。そして将来に備えていろいろと準備するようになります。


不思議なことに、借入金もなく会社に現預金の残高が多くなると、社長さんは以前にも増して猛烈に働くようになりますね。そして発想が前向きになります。その逆に借入金で苦しんでいる会社の社長さんは、一生懸命働いているんですが、金策が辛いんでしょうね、小休止が多くなるような傾向があります。

立地条件や施設の良否が会社の業績を左右することはありません。会社の特徴や取扱い商品・サービスの斬新性があれば、立派に勝負できます。業績につながらない出費は、極力節約しましょう。

7 2期連続赤字はダメ、単年赤字はやむを得ず

金融機関で働く知人から聞いた話ですが、赤字を2期連続すると、資金貸付は難しくなるそうです。財務内容が特別良いとか、特殊な事態が発生したような場合は別でしょうが……。事業ですから赤字になる期も当然あるでしょう。しかし赤字が2期連続するのは注意信号です。赤字の大きな原因としては、大口得意先との取引停止、巨額な貸倒損失の発生等さまざまな事態が考えられますが、これらの現象はある時点で突然襲ってくるものではありません。必ず予兆があります。この**予兆を事前にキャッチし、速やかに対応**できれば、単年度の赤字で済み、2年連続は何とか避けられるかもしれません。

まず得意先の動きを的確にキャッチし、素早く上司に報告し対策を練ることでしょう。このあたりがスムーズに行かないと、ある日突然、「取引中止のお知らせ」をもらうことになります。このような場合、必ず何らかの予兆があります。取引額が急減したとか、返品が多

くなった、苦情が増えてきた、訪問時の対応が厳しくなってきた等の変化が必ずあります。この点を見逃してはいけません。これらの変化をいち早くキャッチし、素早く対応策を打ち立てます。

業績の悪い企業の場合、この対応策の決定・実行が遅くなる傾向があります。その主な原因として考えられるのは**楽観論**です。今は関係がよろしくない、だけど誠意をもって十分な対応をすればいずれ元通りになる、といった感じです。いわゆる甘ちゃんの考え方です。

大口得意先が離れようとしているとき、まずなすべきことは原因究明です。商品が良くないのか、価格が高いのか、営業マンの対応が悪いからなのか、アフターケアが良くないのか、同業他社が強烈に食い込もうとしているのか、とにかくなぜ自社から離れるのかの原因を知ることが大切です。しかし自社の営業マンがダメ営業マンの場合には、この予兆が何らつかめず、「取引中止のお知らせ」を受け取って初めて気づくということになります。これでは勝負になりません。このような事態を避けるために、社員教育を徹底的に行っておくべきなんです。

ある期の終盤戦で大口得意先が離れた場合、翌期は赤字になるにしても、当期の赤字は避けられるでしょう。もしある期の前半に大口得意先が離れた場合、その期は赤字になるでしょうが、早急に対策を講ずることにより翌期の赤字は避けることができます。ところがこの対応策が遅れる場合に2期連続赤字の事態を招いてしまいます。

2期連続赤字を避けるためには、1つの前提を設けることが必要になります。それは、アクシデントがない場合には、毎期適当な利益（売上純利益率8％）を計上しているということです。

8％という数値は業種によって異なりますので、重ねて申し上げておきます。しかし概ねこの数値で十分です。気をつけるべきは、卸売業の場合です。この業種は売上総利益率が低いですから、とても年8％は無理です。

ビジネス面で私の提示している条件には、非常に厳しいものがあります。創業時の借入金ダメ、期中の借入金も特別な場合を除きダメ、すべて利益を出してその利益で運営していきます。でもこれくらいの考え方で事業を展開しないと、面白味がありません。業績が悪くなったら借入金で凌いでいくというイージーな考えでは、一生借入金から逃れることができません。

そしてこのとおり実行するためには、大切なポイントが1つあります。それは**いかなる場合でも現状に満足しない**ことです。現在はすべてうまくいっている、だけど大口得意先の会社が脱落したらどうしよう、そのためには今のうちから次の大口得意先を開拓しておこう。もし営業の大黒柱であるB君が退社したらどうなるだろうか、退職しないような配慮と、万一に備え次のB君を育てておこう。現在の主力商品が調達できなくなったらどのように対応しようか……といった感じです。

このように大満足の現状であっても、**常時将来のことを考え、その策を講じておく**ことが大切です。

「言うは易し、行うは難し」ですが、これができてこそ真の経営者です。

8 チャレンジ精神を忘れた企業風土は、すこぶる危険

サントリー創業者、鳥井信治郎の、あの有名な「やってみなはれ」という言葉、私は大好きです。あの言葉の真の意味は、何でも勝手にやってみなさいということではなく、そのテーマをよく吟味し、あらゆる角度からチェックしたうえで、成功する可能性が高いと判断したら、勇気を出して「やってみなはれ」ということだろうと思います。経営上の問題で、絶対成功すると保証できる案件は１つもありません。その反対に１００％失敗するという案件もありません。

車を走らせながらギアチェンジするのと同じように、環境の変化に対応してビジネスの進め方を変更していくので、当初から１００％の成功も失敗もないわけです。

会社の営業会議に出席してみますと、積極的な意見が活発に出る会社と、ただ社長の方針に従っているだけの会社に出会うことがあります。後者の場合は、比較的社長の個性が強く、

会社の方針に従うことが身の保全につながるというサラリーマン的発想の強い会社です。

前者の場合は、社長の懐が広いといいましょうか、社長は最後の決断は自分で下しますが、社員の声をよく聞き、取り入れて業務を進めていくタイプの社長です。社内のチャレンジ精神旺盛な会社は明らかに前者のタイプです。


チャレンジ精神に満ち溢れた会社でないと、これから大きく発展することはできません。**同業他社が販売していないような商品を次々と開発する**とか、今までにないサービスを探し出して商品化するとかの積極性のある会社だけが生き残り、伸びていきます。

以前テレビで見たシーンでしたが、夏でも融けないソフトクリームを発売していた会社がありました。ソフトクリームは融けるのが当たり前ですから、融けないソフトクリームは話題性があります。またチャレンジ精神に満ち溢れた会社の社内雰囲気は、他社に比べ非常に明るく、躍動的です。ですから会社を訪問しても楽しい気分になります。


それではなぜ、チャレンジ精神に溢れた会社が誕生するのでしょうか。

その第一の要因は、**社長自身の性格**です。社長が慎重居士タイプですと、社内も新しいテーマに挑戦しなくなります。怠けたり、サボッたりして起こしたミスには厳しく叱る、しかし一生懸命頑張ったうえでのミスであるならば責めない。社長のこのような寛大な精神が社内のチャレンジ精神を涵養していきます。当然社長自身もチャレンジ精神旺盛でなければいけません。

第二の要因として、**会社を大きく伸ばしていくという向上心が、理念として社長と社員の間で共有されている**という構図です。社長は立派な会社に育ててみたいと思っているが、社員は全く思っていない、これではチャレンジ精神は生まれません。

企業経営上、１００％の割合で成否が予測できるテーマは１つもありません。それでも何かをやらなければ企業は発展することはできない。**リスクを最小限に抑えながら、何かしらのテーマを常時模索し、挑戦実行していく企業**こそが生き残れるのです。

9 問い合わせ業務への対応が下手な会社は、業績を悪化させる

ビジネスが締結されるためには、まず問い合わせ業務から始まります。以前ですとこれら作業は、電話をかけるとか、レターを出すとか、直接会社を訪問するという方法により行われてきました。しかし最近ではコンピュータの発達により、ほとんど初回はメールによる問い合わせではないでしょうか。その前にホームページを確認してからということになりますが……。

しかし、ちょっとお待ちください。私は渋谷で会計事務所を長年営んでいますが、私の事務所に対する問い合わせは、メールよりも電話の方が多いですね。業種にもよるのでしょうが、しかし間違いなくメールによる問い合わせ（たとえば資料を送ってほしいとか、説明に来てほしい等）が増えてきていると思います。

業績を悪化させている会社の特徴として、私は**問い合わせ業務に対する反応の悪さ**を大き

く取り上げたいと思います。実際にこのような傾向はあります。

まず電話による問い合わせですが、真っ先に取り上げたいのは、感じの悪い電話です。

ある会社の方が、電話をかけてきてくれました。もし条件や取引品物が一致すれば、取引を始めてもよいかなと思っての電話でしたが、あまりにも電話応対が悪かったので、その会社は諦めることにしました。言葉の使い方がゾンザイ、満足な敬語も使えない、面倒くさそうな態度、これではとりつく島がありません。先方の会社が、もしかしたら新しい取引先になる可能性があるわけですから、もっと真剣に電話応対しなければいけません。

しかし現実には、このような会社が存在します。当然業績は低迷しているはずです。

なぜこのような会社が存在するのかといいますと、社長が社員教育を怠っているからです。業績が良くならないと給料も上がらない、会社の存続すら危うくなる。だから売上を上げなければならない。そのためには新規問い合わせがあった場合には、上手に対応しなければならない。もちろんこの後には、具体的な対応策を社員に教えていきます。

この一連の作業を社長が怠ると、会社の業績は一気に悪くなります。

次にメールでの問い合わせです。この場合のポイントは2つあります。

その1つは、**すぐ返事を出すこと。できれば30分以内**がよいです。問い合わせする方の心理状態は、返事をすぐ聞きたいのです。ですから、なるべく早い返事が好まれます。

2つ目のポイントは、**返信メールの文面が上手**であるということです。社内に1人以上文章の上手な人がいるといいですね。しかしその人は常時社内にいなければなりません。上手な文面ですぐ返事を出すということになると、社内にメールの返信をできる人が何人かいなければなりません。突き詰めるとこのテーマは、ほとんどの社員が短時間で人の心を打つ立派なメールを打ち返せる能力を備えているということです。非常にレベルの高い話になりましたが、実際にこのような会社がありますから、驚きです。

次に突然の来社です。事案としては非常に少ないケースですが、ゼロではありません。この際、落ち着いて立派な接客応対ができないと、新規客を増やすことはできません。**「ようこそいらっしゃいました」のウェルカム精神**が重要です。言葉づかいにしても、接客応対にしても、身体中で歓迎の意思表示をオーバー目に行うことです。

もしこれが「あなたどなたですか」という冷たい感じの応対では失敗します。

2か月ほど前、突然知らないお客様が、私の事務所を訪ねてきてくれました。誠に嬉しいことですが、滅多にこのようなケースはないので、応対した女子事務員は面食らっていました。ちょうど私は外出中でしたが、お客様に失礼がなかったことを確認できてホッとしました。

いつ、どこで、どのような方法で、新規の問い合わせがあるかわかりません。しかしいずれの場合であっても、このような事態を上手に切り抜けるスキルと実践能力をもち合わせていないと、素晴らしいチャンスを見逃してしまいます。

10 突然のピンチを切り抜ける三種の神器

年商5億円の中小企業で、あるときこのような事態が起きました。年間売上の40％（2億円相当）を占めるA社が、突然取引を中止したいと申し入れてきたのです。社長はビックリしました。担当の営業マンとともに早速訪問し、取引中止の理由を問い質しましたが、先方の社長はノラリクラリで本当の理由をなかなか教えてくれません。いろいろ話し合った結果、3か月後には取引終了ということになりました。

このようなことは、日常茶飯事です。後日談になりますが、A社が当社から離れていった原因は、相当以前当社で働いていた従業員が独立したためだとわかりました。

いずれにしても当社は負けたのです。

社長は、以前からA社担当営業マンの仕事の進め方に若干の疑問をもっていたそうです。しかしながら、何の手も打たずにここまで来てしまったことに、社長としての責任を感じているとのことでした。

年間2億円相当の売上が減少することは、中小企業にとって致命傷にもなりかねません。全力で売上の拡大に努め、不要な従業員には退職してもらい、削減できる経費は大胆に削減して、この難局を乗り切るのが通常です。それでも乗り越えられないときは、倒産の憂き目に遭うこともあります。

幸いなことに当社には、他社にない強い部分が2点あったため、大きな混乱を招かず無事に乗り越えることができました。

その1つは、**財務体質が強い会社であったこと**です。自己資本比率が70％以上あり、借入金ゼロ、現預金は1億円以上ありました。

このため、当期の利益は減少しましたが、なんとかこの難局を切り抜けることができたのです。前の項でも書きましたが、財務体質が良いということは、事業経営上大きな武器となりますので、日頃から努めるべきテーマです。

創業資金も自前、事業経営中は毎期必要利益を捻出し、借入金に依存しない。このような経営を貫くことができれば、必然的に財務体質の強い会社を創ることになり、幾多の難局を切り抜けることが可能です。

２つ目は、**社長の能力**です。

いつもはそれほどの鋭さを感じさせない社長でしたが、この問題が発生したときの社長の采配には、見事なものがありました。営業マンの少ない会社でしたが、彼ら全員に新規顧客獲得のノルマを課したのです。皆さんもご承知のように、新規顧客獲得は非常に難しく、たとえ口座が開設できたとしても、初年度の取引は微々たるものです。しかしそれでも彼らに、毎日午前中1時間電話アタックを命じたのです。取引額は少なくても、新しい会社と取引できるというニュースは社内を明るくします。そのためでしょうか、少しずつ社内も明るくなってきました。

新規客獲得に全力で臨み、無駄な経費を削減しただけで、従業員を1人も解雇することなくこの難局を乗り切ったことは、実に見事でした。

会社を経営していると、いつ何時ピンチが襲ってくるかわかりません。**いつか来るであろうなという思いと、強い財務体質と優れた社長能力、**この3点があれば余程のことでない限り、乗り越えることができます。

第2章

このような人は社長になってはダメ、会社を潰します

1 社員より1時間早く出社できない人

社長としての能力とヤル気に欠ける人が、社長に就任するほど困ることはないですね。本人が社長就任を望んだ場合には、環境に応じて自己変革を遂げていきますが、社長になりたくないのに周囲から要請された場合に問題が生じます。もちろん社長以外の役員がしっかりしていて、お飾り的存在であるならば、2~3年で交代ですから何ら問題はありませんが……。

また会社としての形態がもう完全に出来上がっており、ちょっとやそっとのことではビクともしないような会社ならこれも別物です。私が本章で述べる会社とは、創業間もない会社とか、会社としての歴史はあるものの、現在は赤字で苦しんでおり、いつ倒産するかわからない、といったような会社のことです。

このような会社に、全くといっていいほど、能力なし、ヤル気なしの社長が就任するくらい危険なことはありません。

会社が倒産すると、大勢の人々に多大な迷惑をかけます。まず社員、明日からの飯のタネがありません。家族が路頭に迷うことになります。就職先の少ない現状では、簡単に解決できる問題ではありません。そして取引先、特に仕入先や外注先ですね。何か月分かの代金は支払不能になりますので、迷惑をかけることになります。

さらに借入金、金融機関からの借入金は別としても、知人、友人、親族からの借入金が返済できなくなりますので、多大な迷惑をかけることになります。

恐らくこのような事態になると、その後の交際は断たれてしまいます。

いずれにしても、**能力とヤル気に欠ける人を社長に就任させてはいけません。**周囲の人々を不幸のドン底に落とし込むことになります。

しからば能力とヤル気をどこで判断するかという問題ですが、1つだけ簡単なテストがあります。それは、始業時の1時間前に、その社長さんは出勤してもらえるかどうかを問うことなんです。

本当にヤル気があり、その会社の業績向上を願う社長であれば、即ＯＫしてくれるはずです。そこで躊躇するような人ならば、社長には不適です。朝1時間早いといっても、生涯それが続くということではありません。業績が良くなり、会社の状態が安定するまでの期間ですから、せめて2～3年、長くて5年くらいでしょうか。

社長が1時間早く出社してどんな仕事をするのかという問題ですが、当初から具体的な仕事をもたなくてよいのです。**社内で1人でジーッと自分のデスクに座っていると、自分のなすべき仕事が見えてきます。**本当に不思議な話ですが、そのとおりになります。会社の業績数値に目を通すとか、社員別の行動や実績を見るとか、社内外を歩き回ってチェックするとか、とにかく今まで気づかなかったさまざまなことが、手に取るように明らかになります。そうなるとごく自然に、有効な次の手が打てるようになります。

また社長の1時間前出社を社員が評価するようになり、社内に活力が溢れてきます。

実はこの活力が、社内に嵐を巻き起こすことになります。社長の1時間前出社は、直接的には社長の能力を高めることにはなりませんが、それによって社内に与える影響力には、多大なものがあります。

２ 責任転嫁する人

ＳＴＡＰ細胞に関する記者会見で、この件の上級責任者が、自分の意見を述べていました。弁舌巧みで堂々とした物腰、聞いていてホレボレするような会見でした。しかし喋っている内容を吟味してみますと、「私は小保方さんの研究成果を詳細にチェックしていませんでした」というものでした。あたかもＳＴＡＰ細胞に関する件は、彼女のミスですよ、と言っているのと同じです。

しかし彼は小保方さんの直属の上司ですから、「彼女のミスは上司である私のミスです。申し訳ありません」と言うべきだったのです。自分の主張を堂々と述べておりましたが、彼は明らかに責任転嫁をしていたのです。

人の上に立つ人は、**「部下の失敗は上司である私の責任です」**と言い切れる人でないといけません。その言葉を聞いた部下たちは、「あんなに責任感の強い人に恥をかかせてはいかん、俺たちがもっとしっかり仕事をしないと」と奮起して頑張るようになります。その緊張感が社内を結束させ、他社にないような素晴らしい雰囲気をかもし出していきます。

責任転嫁する人は、おしなべて話し上手です。そして本人もそれを自覚しています。しかし自己弁明を聞いている周囲の人々は、心の中で笑っています。「彼はまた責任逃れをしている。その問題はあなたの決断が遅い故の失敗だったんだから」と。

責任転嫁する人が社長に就任すると、困ることがいくつかあります。1つは社内の雰囲気が責任のなすりつけ合いになることです。さらにたとえ社長がやらかした失敗であっても、誰かのミスにしますので、その人が退職してしまいます。えてしてこの辞めていく人材に逸材が多いのです。さらに大きな問題は、社員が育ちません。子供でもそうですが、親の背中を見て育っていきます。会社でも社員は、上司や先輩の背中を見て育っていきます。社長の背中などは教材としては最高です。

その社長が自らを反省することなく言い訳ばかりを繰り返しているのであれば、社員から一生懸命働こうなどという気持ちは消え失せてしまいます。

私も職業柄、数多くの会社と出会ってきましたが、意外とこの責任転嫁型社長はいました。中小企業のオーナー社長にはさすがにいませんでしたが、中堅企業の非オーナー社長の中では、若干お会いしたような気がします。彼らは３、４年すると転任していきますのでそれで通用しますが、残された会社や社員はたまったものではありません。

社長に就任する人には、是非とも年齢や経歴に関係なく、**「この会社の業績を上げるのが、オレの仕事」**という、プロ精神を発揮してほしいものです。

自分は社長の器ではないと気づいた方は、社長就任を要請された場合には、勇気を出してお断りすべきです。会社には大勢の社員が働いています。たとえ少人数であっても、会社は家族を含めその人たちの生活権を握っています。いわば会社は、公器なんです。

また周囲の人々は、企業で働く社員やその家族たちのために、**責任転嫁型の社長を選んではいけません。**会社を潰すことになりかねませんので。

3 賭け事に凝っている人

賭け事にはまっている人、またはは まったことのある人は、社長になってはいけません。どんなに良い業績を上げていても、いずれ会社を潰します。本人が自分をいちばんよく知っている訳ですから、どのような経緯があったとしても、「**自分はそのような器ではありません**」と言って、断固断るべきです。そうしないと、周囲の人を不幸に巻き込んでしまいます。
また、以前賭け事に凝っていた人が社長に就任しようとした場合、その就任を辞退するよう説得するのが周囲の役目です。このような事態が発生した場合、辛い目に遭うのは本人はもとより、その人の家族や親兄弟、社員たちなんです。

賭け事にはまっていた人が、完全に足を洗って更正し、まともな生活を送っている事例はゼロではありません。しかしそのようなケースは、正直いって本当に珍しいのです。ほとんどの場合、元に戻ってしまいます。

賭け事はすべてそうですが、復元性という点においては麻薬に似ています。お金のないときには、やりたくてもやれない。しかし多少余裕が出てくると、少しくらいの金額なら趣味としてよいだろうくらいに思って、また足を踏み入れてしまう。負けが込んでくると、前回の負けを取り戻そうと思い、会社のお金を一時拝借で注ぎ込んでしまいます。そして大穴を空けてしまうことになります。

歌手のチャゲ&飛鳥の「飛鳥涼」が、麻薬容疑で逮捕されました。歌もうまいし、私も好きな歌手ですから、これを機会に完全に更正してほしいと願っておりますが、果たしていかなる結果になるのやらです。これまでにも多くの芸能人が、麻薬や賭け事で逮捕されていきます。そして判決が出た後は、例外なく「今後このようなことは、絶対に行いません」と公言していますが、実際のところはどうなんでしょうか。一部、また戻ってしまったという情報は時々耳にしますが、正直のところはわかりません。

私の賭け事といえば、友人たちと卓を囲む麻雀くらいなものです。それも１０００点１０円くらいの家庭麻雀の域を出ていません。時々１泊２日の泊りがけで、気の知れた友人たちと温泉地に出かけることもありますが、飲み食い、ドンチャン騒ぎが中心で、おまけとして麻雀がついているといった感じです。

二十代の後半、ある先輩に連れられて「大井競馬場」に行ったことがありました。もちろん競馬場は初めてですし、場外でも馬券は買ったことはありません。その先輩は相当競馬にのめり込んでいるらしく、いろいろな情報を私に教えてくれました。しかし私は全く興味がなかったものですから、フンフンと頷いているだけでした。そのうちに私たちが買った馬券の馬が走ることになりました。ファンファーレが鳴り、一斉に馬たちは走り出しました。ところがここで不思議なことが起きたのです。馬たちが一斉にスタートして20秒も経たないころ、私は疾走する馬たちを見て、急にその場を立ち去りたくなったのです。そして先輩に「急用ができたので帰ります」と断って1人大井競馬場を後にしました。それ以来、競馬場には行ったこともありません。馬券も買ったことがありません。

疾走している馬を見て私が思ったことは、2つありました。1つはこういう形でお金を手に入れてはいけないということ。**人間は働いてお金を得るべきである**ということでした。それともう1つ、人間によって走らされる馬がかわいそうだなということでした。

賭け事で生活費を稼ぐことは邪道だと思います。汗水たらして得た報酬で家族全員が生活するのが、楽しいのです。

風の噂で耳にしたその後の先輩の様子は、あまり芳しいものではありませんでした。

4 たくさんの趣味にはまっている人

あなたの趣味は何ですかと聞かれ、ゴルフやります、スキーとダイビング、それに登山も長年の趣味の１つです。な～んて答えてみたいですね。社長がアクティブなものも含め、たくさんの趣味をもっていると、なんとなく格好よく映ります。しかし実はこの多趣味が社長業の邪魔になりますから、一概に喜んでばかりはいられません。働き盛りの社長さんにとっては、この**多趣味が弊害になることがありますので要注意**です。

もう出来上がった会社で、安定期に入っている場合には何ら問題はありませんが、創業したばっかりの会社とか、アクシデントを抱えて、ここでひと踏ん張りしなければいけないような会社の場合には、社長の多趣味は弊害になる場合があります。ただその社長さんが物分かりの良い方で、非常事態ということで、ご自分の趣味を封印してくれればいいんですが……。趣味をたくさんもつということは、周囲にたくさんの友達をもつということになります。

会社の非常事態ゆえ、自分の趣味に費やす時間をカットしようと考えることは、経営者としては当然のことです。ここで決断できないようでは、社長失格です。

会社がピンチのときや創業間もないときは、その荒波を乗り切るまでの社長の業務量には相当なものがあります。本章の1で「社員より1時間早く出社できない人」は社長をやってはいけませんよ、と述べましたが、この程度は朝メシ前。夜も何時に帰れるかわからないし、休日出勤もザラにあります。トップの人間がここまでやらないと、会社を伸ばすことなどできません。ただしこのような非常事態が未来永劫続く訳ではありません。3年間なのか5年間なのか、会社の業績が向上し、体質が強化されるまでの辛抱です。

経験された方はおわかりでしょうが、**素晴らしい会社を作り上げるためには、ある時期狂った人間が必要になります**。その人間が昼夜の別なく、休日と出勤日の区別もなく、狂ったように働きます。それを見て、周囲の社員たちが動き出します。本当に急成長した会社の内部を観察しますと、人間でもここまでできるのか、とビックリするような事態に陥っています。

オーバー目に表現しますと、社長は睡眠時間の7時間以外は全部仕事という感じです。特に創業期とか倒産の危機に遭遇した場合の話ですが……。

このような非常事態に、社長が自分の趣味にのめり込んでいるようでは、会社の発展は望めません。会社がある程度の力をつけてきたら、社長の趣味も少しずつ回復すればいいのです。ご自分の**趣味のON・OFFを、見事に使い分けることのできる社長なら大いに結構**です。しかし、その**切り替えに自信のない社長は、自ら社長就任を断るべき**です。

しかし実際にやってみるとわかりますが、会社隆盛劇はいかなる趣味よりも楽しいものなんです。ちょっとだけ苦しいですけど……。

5 怒ることができない人

社員でも取引先でもよいですが、怒るべきときに怒れないという人も、社長にならない方がよいと思います。知らず知らずのうちに、会社の業績を悪化させる恐れがあるからです。専務格の人がビシビシ叱るタイプの人で、その反対に社長が温和しい性格の人、これは役割分担制ですから何ら問題はありません。社長がその辺りを理解して怒らないようにしているのか、それともマジで怒らない人なのかを確認する必要があります。もし怒り役の専務が退職した場合でも、社長が怒ることができなければ、私は社長失格の烙印を押します。

社長でなくても世の中には怒らない人がたくさんいらっしゃいます。それで人間関係がうまくいっている例もたくさんあります。たとえば家族ですね。父親が神経質で、いつもガミガミ怒鳴っている家の子供には、本来子供のもつおおらかさがありません。子供の間違いを厳しく指摘して注意することは、親の役目ですから当然ですが、怒りすぎはいけません。子供が委縮してしまいます。

ところが、会社の場合は異なります。まず会社の場合は、家族よりも人数が多い。人数が多くなれば、箸にも棒にもひっかからない人が必ず出てきます。性善説に凝り固まっている人ならば、根っから悪い人間はいませんからと説くでしょうが、現実的にはダメ人間が結構います。**企業経営の場合は人間の良し悪しを問題にするのではなく、企業理念に沿った考え方と行動ができるのか、または集団生活や規律に馴染めるのかが問題となります。**

ここで人間の性格や考え方が、いかにして形成されるかを考えてみましょう。まず第一に両親のＤＮＡでしょう。これは無視することはできません。次に生活環境でしょうか。家族円満で穏やかな家庭で育った子供は、明るい素直な子供になります。また夫婦の仲があまり良くなく、夫婦喧嘩の声が絶えないような家庭で育った子供は、人間不信になる場合があります。また子供の数が多く、経済的にあまり恵まれない家庭で育った子供は、要領の良い子供に成長します。

友人や先輩たちとの関係も、子供の人格形成に影響を与えます。それぞれが異なった環境で育った子供たちが、１つの規範で固められた会社で働くわけですから、全員が完全に一致することなどあり得ません。必ず枠に入りきれない人物が、大勢の社員の中には存在するという現実を認めなくてはいけません。

怒らない人の深層心理には、人様から嫌われたくないという部分が、相当強く残っています。しかし社長という立場の人は、「仕事のできる立派な人だ」、「人間的にも素晴らしい」という評価は受けても、「私の好きなタイプの男性だ」とか「良い人だ」という評価はあまり受けません。評価を二分するならば、好まれるタイプよりもむしろ嫌われるタイプに属するはずです。企業業績を向上させるため、社員に限りなく無理な注文を出します。方針等に従わなければ、無茶苦茶怒ります。こんな社長が社員から好かれるはずがありません。

むしろ社長に就任したら、これからしっかり嫌われる人間になってやろうと、意を決することです。これくらいでないと会社の業績を伸ばすことなど到底できません。

私は社長さんに**「怒れる社長」になりなさい**と言いました。なぜなら、それが会社が伸びていくキーポイントになるからです。

しかし、2つだけ注意すべき点があります。それは**「感情で怒るな」**ということです。それともう1つ、**「怒った分の半分は褒めてやれ」**です。簡単なようで、この2つは難しいですぞ……。

6　物事を深く考えない人

会社を経営されている社長さんで、物事をあまり深く考えない人がいるとは思いませんが、実際には多少いらっしゃいます。表面的に物事を捉え、その原因とか問題点、対策等を関連づけて考えられない人たちです。物事を深く掘り下げて考えませんから、打つ手は確かに早いです。そこだけを周囲から見ていると、決断力のある切れ者の社長として映ります。

しかし現象面だけを見て、それだけで判断してしまいますので、後日になって対策を間違えたと後悔する場面が出てきます。

起きるであろう事象の内容、問題点、原因、背景等を慎重に考慮し、適切な対策を明確に、かつ素早く打ち出していくのが社長の仕事となります。とても思いつきの発想や、他人のアイデアの拝借だけで乗り切れるような簡単なものではありません。

そうかといって会社経営とは、どんなに小さな問題でも大袈裟に考えて対処する、ということではありません。日頃から会社の状況をキメ細かく観察されている社長であれば、80%くらいはルーチンワークでしょうから、時間をかけず、その場で指示を出せると思います。またそうでないと、膨大な社長業務を処理することはできません。

問題は残りの20%です。たとえば、会社の将来を左右するような大きな問題に遭遇したときです。このような場合には、自分の持っている時計をすべてストップさせ、一心不乱にそのテーマと向き合います。真剣です。自分の判断に会社や従業員の将来がかかっています。食事の時間も忘れ、仕事帰りに軽く飲む一杯の酒も断ち、家族との対話も少なくなります。

このような**重大な問題が発生したとき、長時間かけ、自己の才智を傾けて呻吟できるような人物**でないと社長は勤まりません。

あなたの周囲にもいらっしゃいませんか、普段は穏やかな人当たりの良い社長ですが、何かコトが起こると一瞬にして顔つきが変わってくる。特に目が鋭くなります。そして社員に出す指示の口調もいつになく厳しく、自らの言動もキビキビしてきます。これが社長の真の姿です。このようになれない人は、社長には不向きです。**普段は昼行燈《ひるあんどん》のようであっても、非常事態には寝食を忘れてその解決策に取り組んでゆく、**そこに社長としての能力アップと、人間的魅力の涵養の秘訣があるような気がします。

物事をあまり深く考えることなく、思いつきのままテキパキ処理していくタイプの社長も問題ですが、その反対にどのような問題でも真剣に考えすぎるタイプの社長も問題です。それほど大きな問題ではないのに、なかなか結論を出さない、真剣に考えているフリをしてますが、実態はあまり考えていない。要するに慎重居士のタイプです。このタイプの社長には、また別の問題点が浮上してきます。

7 浪費癖のある人

社長の給料１５０万円、会社が常時保有する現預金は３〜５億円、年商は5億円程度の会社です。会社の預金はすべて普通預金。定期預金とかファンド・株式運用は一切やっていません。もちろん借入金等の負債ゼロです。その社長はオーナー社長ですから、もし会社の資金を使いたいとか、一時拝借するとかは可能ですが、そのようなことは一切やりません。
ご自分の接待交際費に使用するお金は通常範囲のもので、特に多いという訳ではありません。要するに、あまり無駄遣いしない社長なんです。いろいろと雑談しますので、会社の預金残高の話になる場合もあります。その話を要約しますと、自分の給料のことは気になるけれども、会社の預金のことは全く気にならないそうです。

もしこの社長さんが浪費家であったらどうなるでしょうか。会社のお金はたっぷりありますので、使いたいだけ使えます。ご自分の給料も大幅アップするでしょう。遊興費は自由に使えますから、仕事もロクにせず、遊興三昧になっているかもしれません。そのうちに不景気風にあおられて資金不足に陥り、倒産するかもしれません。
このように**浪費癖のある人が社長になると、その会社は散々な目に遭います**。彼らは欲しい物があるから買うという単純なものではなく、財布からお金を出して支払うときに、大きな快感を感じるそうなんです。

ですから知人・友人たちと飲食した場合でも、気前よく奢ります。食べた料理の味よりも、仲間たちと楽しく喋った会話よりも、その費用を自分持ちにしたときの満足感は、その上をいくそうです。

私の知人に、会社を起こして大成功した人物がいます。その業種は飲食業でしたが、なかなか大した人物です。最初の店をオープンしたころは、資金の余裕も十分でなく、大変苦労したそうです。しかしそのころは大変遊びたくて、店を閉めてからお店の売上金をちょっと拝借して、近くのスナックに通いつめたそうです。この癖がなかなか止められず、個人の飲食代に使うお金も相当な金額になっていたようでした。

しかし3店舗目をオープンしたころから、お店のお金が少しずつ貯まるようになり、会社の預金通帳の残高が増えていきました。そうなると不思議なもので、今まで足しげく通っていたスナックへの出勤率が下がっていったそうです。それに伴い、いつでも買える資金力があるという安心感からか、物欲も少しずつ落ちていきました。

いみじくも彼の言っていた言葉です。**「変なものですねえ。お金のないときは何でもやたらと欲しかったんだけど、お金が貯まってくると、今まで強かった物欲が段々と落ちてきま**

すね。そしていつまでにいくら貯めてやろうという貯蓄心に変わっていきますねぇ」

この言葉は本当なんでしょうね。お金のないときは使いたい、お金が少しでも貯まってくると使いたくなくなる。しかしいずれの会社も、創業時や非常時には資金が不足気味です。こんなとき、浪費癖のある社長では困りますね。浪費厳禁で臨みましょう。

8 決断力のない人

物事を深く考えることなく、思いつきや閃きでスパスパ決めていく社長にも困りますが、いつまで経っても物事を決めない社長にも、困ってしまいます。部下を集めて会議やミーティングをよく開催し、部下の意見には耳を傾けますが、社長としての決断をなかなか表明しません。

考える時間と、決断の精度が相関関係にあるのであれば、いくら長時間考えても意味はありますが、そんな馬鹿げたことはありません。私なんかセッカチ人間ですから、むしろ逆相関関係になる可能性が大だと思います。

決断できない人、決断しない人というのは、つきつめれば覚悟ができていない、ということになります。最終的に失敗し、その決断が間違っていたとするならば、その責任は当然最終決断をした人に降りかかってきます。当然の話です。

「この問題は非常に難しい。しかしすべての情報を総合的に判断するならば、当社が現在採るべき道はこの方法しかない。すべての責任は私がとるから諸君は全力で取り組んでほしい」というような力強いメッセージを社長が出さないと、職場の士気は上がりません。

部下を集めて会議やミーティングをよく開催し、部下の声をよく聞くフリをしていても、自分で決断できない社長の場合はすぐわかります。最後の締めに、部下たちの意見を引用するという癖があります。

「いろいろ皆さんから有益な意見が出ましたが、Ｂ君の意見が最も良いと考えます。今回はＢ君の意見どおりに進めますので、皆さん頑張ってください」

ざっとこんな感じです。

私が以前出席した某社の営業会議で、次のようなことがありました。営業マンは全員出席、社長も出席してオブザーバー席に座っていました。制限時間は1時間でしたが、終了直前に司会者が社長に意見を求めました。社長はゆっくり立ち上がり、しっかりした口調で次のように述べたのです。

「諸君の考えや意見はよくわかった。的確に状況を把握しているというのもよくわかった。しかしこの件に関する私の見解は、皆さんの意見とは若干違うところにあります。その理由はコレコレシカジカです。よってこの件に関しては、いま私が言ったその線で進めていただきたい」という言葉で締めくくったのです。会議室は、一瞬シーンとなりました。しかし誰一人として社長の意見に反対する者はいませんでした。1時間一言も発せず、ただ聞くだけ。部下たちに思う存分喋らせ、最後に締めるそのテクニックに、すべての社員が感動したのです。

決断力のない人は、リーダーにはなれません。皆さんの周囲を見渡してください。リーダーらしき人物が随所にいるはずですが、彼らは**最終的に物事を決めている**と思います。ましてや社員を抱える会社のリーダー（社長）が決断できない人であるならば、会社経営はできません。社長という立場を正しく理解し、自分自身を社長業に相応しい人間に変えていく努力をするならば、当初は決断できないタイプであっても、ゆくゆくは有能な社長に大変身することができます。

社長業に限らず、環境の変化に伴って自分自身を進化させることは、いかなる立場の人間にとっても強力な武器となります。

9 デスクに座ってばかりいる人

社長は、会社のトップです。トップである以上、社内のすべての問題に精通していなければなりません。社員の働き具合とか、仕事の進め方、チャレンジ精神の有無等を自分の目で確認し、スピーディに対策を講ずる必要があります。１人で社内を歩き回るだけでも、会社の状況をくまなく知ることができます。

営業マンに同行して主だった得意先を回ることにより、営業マンの応対ぶり、得意先が抱いている当社への注文等を自分の目で確認することができます。

商品開発部に入り、商品開発の現場をジックリ観察します。経理畑出身の社長には初めての光景で、会社を支えているものの実体を目にすることができます。社長は朝から晩まで過密なスケジュールをこなしていきます。もちろんその中には、自分のデスクを離れて処理する業務もたくさん含まれています。


人間を行動派と非行動派の2つに分けたとき、ほとんどの社長は私の知る限り行動派に属します。デスクワークの多くをスタッフに任せ、ご自分は忙しそうに動き回っています。しかし例外的に、一日の多くの時間を自分のデスクに座ってばかりいる社長さんをお見かけすることがあります。

トイレに行くとき以外は、あまりデスクから離れません。部下に用事があれば、ご自分のデスクまで部下を呼びつけます。部下から上がってくる書類には、多くの時間をかけて精読します。ですから社内の実情は表面的にはよく知っています。

ところが、自分のデスクに座ってばかりいる社長には**大きな盲点**があります。

その１つが、**得意先の正直な声がよく聞こえない**という点です。得意先に関する情報は、すべて営業マン経由のものです。悪口を書く訳ではありませんが、営業マンは自分に都合の悪い情報は上司に上げません。自分で握り潰してしまいます。このような事態を避けるため、営業部長は当然得意先との接触を図っているはずですが、時には社長もこの行動に参加し、彼らの生の声や当社への要望事項を確認する必要があります。

第二に、**デスクから見えない部分のことは理解できない**という恐ろしさです。もちろん報告書や口頭報告である程度のことは知っていますが、それ以上の深いことは自分の目で確認していないので、よくわかりません。たとえば、社員の不正行為です。自分が社員の現場へも行き、会話をすることによってある程度の不正行為は見抜くことができます。被害を少なく抑えるためにも、この活動は必要不可欠です。自分のデスクに座っているのが好きな社長には、この芸当はなかなかできません。

第三に、**デスクに座ってばかりいることによって作られる社長イメージ**です。どちらかといいますと行動派社長につけられるプラスイメージと異なり、非行動派社長にはある種の暗いイメージがついてしまいます。このマイナスイメージはビジネスマンにとっては良くありません。**大勢の社員を率いる社長のイメージは、元気・活発・豊富な経験・冷静沈着**等であります。社長さん、デスクにへばりついていては、本来の社長の仕事ができません。時にはデスクを離れ、フィールドを走り回りましょう。

10 優しさのない人

会社では大きな声で、社員をメチャクチャ怒鳴っている。社長の剣幕の実態を知らない新入社員の中には、泣き出してしまう人もいます。しかしこのような厳しい環境の中、退職していく社員が意外と少ない会社を皆さんご存じありませんか。「ありませんか？」というよりも、「ご存じですよね」と聞いた方が適切かもしれません。その反対に、怒鳴らないし叱らない社長の会社の社員がボロボロと歯が抜けるように退職していく光景も、皆さんたくさん見ていると思います。

皆さん、この差はどこにあると思いますか。実はこの差は「優しさ」とか「温もり」にあるのです。前者の社長は、仕事での失敗はメチャクチャ怒るけれども、いったん仕事を離れた関係になると、非常に人間的で優しい社長なんです。

それに引き換え、後者の社長は、一見優しそうに思えますが、心の中に真の優しさのない人なんです。それを社員の人たちが見抜いてしまっているのです。

犬や猫を飼ったことのある人はよくおわかりになると思いますが、動物は本能的に、自分にとって優しい人か優しくない人かを見抜く能力をもっています。人間も動物ほどではありませんが、ある程度の観察能力はもち合わせています。

前者の社長が、なぜ社員を叱責するのかを掘り下げて考えてみると、そこに2つの理由があります。その1つは**クライアントに対する対応**です。こちらはお金を頂いて、クライアントに商品やサービスを提供しています。そのためには当社の社員はそれに相応しい資質・能力を備えているべきである、という考え方。

もう1つは、ウチで働いている現在の社員たちも、一生ウチで働いてくれるとは限らない。どこかの時点で退職して他社で働くことになるだろう。そのときに「今度入社した○○君は思ったより仕事がダメだね」と言われないように、**ウチにいるときにビシビシ鍛えてやる**という、いわば温情的な考え方に立脚しています。

ですから、こんなことを言ったら嫌われるとか、こんなことをしたら退職してしまうとか、あまり考えません。ウチの会社が合わないと思う社員は辞めていきなさい。社長である私は、皆さんから好かれようとは思わないから、私を嫌いになった社員も辞めていいですよ、とこんな感じです。

一見ムチャクチャ怒っているような社長にも、若干のルールはあるそうです。社員が誠心誠意、寝食も忘れて頑張った結果の失敗に対しては、寛大に対処するそうです。大きな雷が落ちるのは、全力を出さず怠けて失敗したような場合です。このような場合は、社員も自分の行為がわかっていますから、社長の大きな雷を甘受せざるを得ません。

「厳しいけど、優しい人」この言葉が究極の社長像ではないでしょうか。若いときに働いていた会社で、猛烈に社長にしごかれた。それが嫌でその会社を辞めたけれども、今にして思えば、あの当時あの鬼おやじに鍛えられたことが、現在の俺の財産になっている。このように述懐している人が周囲に大勢います。

11 勉強しない人

勉強しない人も、社長には不向きだと思います。当然、学校のような勉強ではありません。経営や経済を中心とした経営者のための勉強です。セミナーや勉強会に参加したり、新聞の精読、専門書の購読、やろうと思えばいくらでも教材は転がっています。**会社から帰宅し、毎日30分でも1時間でも自宅のデスクに座る習慣**をもちたいものです。一見簡単そうに思えますが、これが結構大変なことなんです。

思いついて2～3日はできますが、すぐ中断してしまうのが実態のようです。今日は取引先と食事してアルコールが入ったからダメ。今日は社員の送別会でダメ。明日の朝早く北海道へ出張するので、夜早く寝る、ざっとこんな具合です。

社会人にとって、勉強はなかなかできないものです。仕事でバリバリ働き、夜遅くまで身体を使うことにはなんの抵抗のない人でも、家に帰り、食事をしてからの1時間のデスクワークは、大きな苦痛となります。社長は会社にとってトップの人間です。**将来変化していくであろう環境に遅れずについていくためには、会社を現在の環境にどのように合わせ、会社として何をなすべきか、**を探るのは社長の大きな仕事になります。

社長の業務は、ルーチンワークに関しては1つひとつがそれほど深くありません。しかし会社を存続させ、盤石な基盤を築き上げるためのテーマに関しては、実に深いものがあります。

社員とともに汗水垂らして働く時間を〝動〟とするならば、家に帰ってからの1時間のデスクワークは〝静〟の時間となります。この動と静がバランス良く組み立てられたとき、会社の業績は安定します。

これからの自分たちの業界は、どのように変化していくのか、日本経済は今後どのようになるのか、学者ではありませんから深く考えることはできませんが、**大きな流れは少しでもつかんでいく**必要があります。予想以上に少子化が進んでいる。労働力確保のため外国人の移住緩和策を採るのだろうか。集団的自衛権が成立した、日本は戦争に巻き込まれるのだろうか。パート従業員の時給単価が急上昇している、ウチの会社は支払えるだろうか。その他いろいろと考えるべき問題があります。

社長さんたちにとって最も良い勉強法があります。それは、**タウンウォッチング**です。どの街を選んでも構いませんが、肩の力を抜いて好奇の目を開きながら、ゆっくり歩いてみてください。ウォーキングではありませんから、たくさん歩く必要はありません。その街の空気と人々の動きが察知できれば充分です。何かしらの成果は必ずあります。街の中には書店もありますから、覗いてみるのも一考です。このタウンウォッチングと家での勉強を抱き合わせることができれば、完璧です。

海外旅行に行ったときの私の時間の使い方は、少し変わっています。観光スポットにはあまり行きません。朝食をゆっくり食べてから、街へ出ます。そして夕方までその街の中をゆっくりブラブラ歩きます。カフェでコーヒーを飲み、土産物屋を覗き、お腹が空いたら食事もします。その国の人々の考え方や行動がよく伝わってきます。これって正しくタウンウォッチングですね。そして効果絶大です。

第3章

社員を育てる

1 社員を育てる真の理由とは何か？

「社員を育てる真の理由は何ですか？」なんて質問したら、「当り前なことを聞くな！」と怒鳴られそうな気分になります。会社が業績を伸ばすためには、優秀な社員が多数いて、彼らが全力で働いてくれなければなりません。社長や一部の役員だけが燃え上がり、全力投球したところで社員がついてこなければ話になりません。ですから回答としては、優秀な社員を1人でも多く育て、会社の業績を安定的に伸ばしていくため、ということになります。

しかし、私はこの回答だけでは納得しません。なぜかというと、社員を育てるプロセスである事実を勉強してほしいと思うからです。その事実とは、わかりやすくいうならば「**百人百様**」ということです。

たとえば社員100名の会社があります。各人の性格とか価値観を聞いてみると、人それぞれ異なった回答がはね返ってきます。オーバー目にいいますと、100とおりの回答があるということです。実際にはいくつかのグループに分類されますが、すべての社員が同じ思想・価値観で行動を共にしているのではないということです。でもしかし、ある会社の社員ですから、その会社の理念や目的・方針等を正しく理解し、会社の期待する社員になるべく努力を重ねていかなければなりません。

１００人の社員の中にはさまざまな人がいます。しかし考え方や行動は各々が異なっていても、会社の枠組みの中にキチンと納まっている人であるならば、会社は何もすることはできません。一生懸命働く人、普通に働く人、あまり働かない人等に社員を分類したとき、ある一定比率でこれらは存在します。１００人すべてが一生懸命働く人、なんてことはありません。会社だけではありません。町内会でも家族でも趣味の会でも全く同じです。多くの人たちが集まるとこのような現象が必ず起きます。そして働く人も怠けている人も、程度にもよりますがすべて正しい人たちであり、会社はこの人々を受け入れて業務を遂行し業績を上げなければならないという現実を、直視しなければなりません。この辺を正しく理解して受け入れていかないと、後にリーダー自身が思い悩むことになります。

私が申し上げたいことは、もう1点あります。人間誰でもそうですが、一度注意されて完全に直る人など1人もいません。同じことを何回も注意されて少しずつ直っていくものです。私は別の本にも書いていますが、「**同じことを10回注意しなさい**。このくらいの覚悟をもって部下と接しないと、あなた自身が神経衰弱になってしまいますよ」と述べています。

全くそのとおりです。自分の家族であれば1〜2回注意すれば直りますが、社員の場合そうはいきません。同じことを10回言う覚悟が必要なんです。ということは、部下は素直に言うことを聞いてくれないので、我慢比べということになります。この我慢するという自制心が、あなた自身を大きく進化させていくのです。短気で、周囲といつも衝突ばかりしていた男が、部下を与えた途端おとなしくなったという話はよく耳にします。自分自身をコントロールする必要性を感じたのです。部下を育てるつもりでいろいろとやってきたけれども、実は自分自身が部下に育てられていたんだ、という現実を容認する心が大切だと思います。

「社員を育てる真の理由は何ですか」と正面から問われたとき、私は次のように答えるでしょう。

①優秀な社員に育てること。

②よく働く社員、あまり働かない社員とさまざまな人々がいる。
これらの人々を包含できる心の大きさを養う自己訓練
③上司の忍耐がないと社員は育たない。「克己自制」心を涵養するため。

2
社長の背中は最高の教材

社員を育成する教材は、巷に溢れています。しかしそれらのいかなる教材よりも、社長の背中の方が教材としての実力は、はるかに上です。

２０１４年、「おやじの背中」というテレビドラマの放映がありましたが、画面に登場する子供たちは、知らず知らずのうちに自分の父親の影響を強く受けていくというものでした。会社で働く社員たちも全く同様です。本人たちは気づいていませんが、上司の影響を強く受けています。たとえば、苦情処理の上手な上司がいました。その上司は、毎日数多くの苦情を聞き、当初は頭から湯気を出して怒っていたお客さんも、帰り際には笑顔で上司と談笑しながら帰っていきます。さすが名手です。この上司の苦情処理をつぶさに見ている部下たちも、知らず知らずのうちにその技術をマスターしていきます。

社員は自分の上司を、上司は社長を手本として努力していきます。要するにすべての社員は社長の一挙手一投足を見て、真似をするわけです。社長がヤル気に満ち溢れ、日夜業務に精励するタイプであれば、会社全体が活力に溢れ好業績を残していきます。その反対に社長にヤル気がなく、いつもダラダラしているようなタイプでは、間違いなく社員もダラダラしてきます。当然業績も低迷状態でしょう。

社員の育成を考えるのであれば、難しいことをやる必要はありません。社長以下幹部社員がモデル社員になりきって日々を過ごせばよいのです。部下を連れて得意先を訪問し、現場で商談を見物させ、ビシビシ鍛えます。そして育てていきます。

社長の背中は最高の教材ですから、社長は社員が見習ってくるような見本でなければいけません。**自分の考えや行動は、いつも社員たちから注視されているという意識を強くもち、素晴らしいモデルを演じていただきます。**演じるというのは言葉のアヤで、演じるのではなく、実際にそうなるように振る舞います。

猛烈社長の下で働く社員たちは、業種を超えて猛烈に働きます。その反対にダラダラ働く社長の下では、ダラダラ社員が増えていきます。何も難しく考えなくて結構です。**会社隆盛のために全力で働く社長の姿を見せればよいのです。**

私の事務所は、渋谷の公園通りにあり、そのビルの地階に「はなまる」うどん店がありました。初めのうちは繁盛していましたが、日が経つにつれ客足が少なくなっていきました。業績が悪くなったからでしょうか、そのうちに経営者交代が行われたようです。店名もメニューも同じままでしたので暫くは気づきませんでしたが、少しずつ客足が増えてきたので、ウン？　という感じになりました。そしてなぜ客足が増えたのか、わかるようになったのです。

それは店内での客に対する「挨拶」でした。店長らしき人物が、大きな声で客に対し、「いらっしゃいませ」と「ありがとうございました」を叫び続けているのです。そうしますと、そこで働くすべての従業員が大きな声で店長と同じように、客に声をかけていきます。客としてこんなに嬉しいことはありません。そのお店に行くと、若い元気な声に包まれて、なんとなく気分が良くなります。料理も美味しくなったように感じるから不思議です。

閑古鳥が鳴いていた「うどん店」が、1人の店長の采配で見違えるように変身したのです。会社も1人の社長の采配で、いかようにも変わることができます。赤字会社が黒字会社に変わります。自分の会社を、思いっきり良い方向に変えてみましょう。社長が思えば、願えば、行動すれば、変わることができます。社員がついてきます。

3 ダメ社員は一定割合存在する、人材の浄化作戦を

社員10人の会社があったとします。そのうちの9人は一生懸命仕事もやり、会社の方針によく従ってくれています。しかし1人だけ、無断で欠勤したり、会社のルールに従わない社員がいました。社長始め9名の社員は、その1人に対し眉をひそめていましたが、とうとう社長は意を決してその問題社員に辞めてもらいました。

「ああこれで問題社員がいなくなり、会社内がスッキリした」と全員が胸を撫で下ろしました。1人を補充して元の10人体制に戻しましたが、6か月経ったら、今まで一生懸命やって

くれていた社員の1人が、問題社員になってしまいました。

この話は会社全体でなく、1つの部とか課で考えてみても同じです。ある程度の人間が集まると、その中には必ず異端児が存在し、それを排除すると、今度は今まで正常児であった人間の誰かが異端児に変身してしまうという現実を私たちは直視する必要があります。

集団が構成されると、その人たちはすべて同じではなく、大体3つのグループに分類されます。真面目に一生懸命やる人たち、普通の人たち、一生懸命やらない人たちの3分類です。この比率が3・4・3とか、4・4・2とかよく言われていますが、そんなことはどうでもよくて、**集団の中には必ずある一定割合の問題児が存在し、その存在があるが故に集団が成り立っているという仕組み**を理解する必要があります。

努力して排除しても、また新しい問題児が誕生してきます。**組織の内部は玉石混淆です。これらをすべて呑み込み業績を向上させていくのが名経営者です。**

「社員は褒められるとよく働きます」と、どの本を見ても書いてあります。事実そのとおりでしょう。しかし叱ることもなく、ただ褒めるだけでは社員は調子に乗って有頂天になってしまいます。社員を伸ばし育てるためには、**危機感を与えることが必要**です。

「私はこの会社が好きだ、だからできることならば一生この会社で働きたい。だけどこの会社は何かあると退職させられる可能性があるからなあ」……これが危機感なんです。これを少し感じさせることが経営の要諦です。

一生懸命頑張れば、グングン上に伸びていける。しかしいい加減にやっていると外されてしまうかもしれないという思いを社員に感じさせることです。そのためには社員の一部を毎期入れ替えていくという大胆な方策が必要になります。

たくさんの社員を入れ替えると業務に支障が出てきます。ごく一部のダメ社員を入れ替えていくことにより、空気の流れが良くなり、残された社員たちのレベルアップにつながります。

すべての社員を固定してはいけません。水槽を浄化するためには、一定割合の清い水を注入し続けます。その量だけ下から水を抜いていきます。そうすることにより、水量は同じでも水質の精度は高くなります。

社員の中には一定割合のダメ社員が存在する——これは経営上認めざるを得ないことです。

この弊害を取り除き、社員の皆さんに危機感を感じてもらうためにも、**人材の浄化行為**は欠かすことができません。

4　社員のハードルをあまり高くしないこと、社長の50％で十分

相当以前の話になりますが、私はある知人から経営上の相談をもちかけられました。その内容とは、「ウチの社員は入社してもすぐ辞めてしまう。原因がわからないので調査してほしい」との依頼でした。私はお定まりの手法で、モラルサーベイや個人面談等を重ねていきました。進めていくうちにウッスラとその原因がわかってきたのです。その原因とは一言でいいますと、社長の期待が大き過ぎて、社員はついていけないから辞めるというものでした。

調査を依頼してきた私の知人は、学生時代から成績抜群、スポーツ万能のいわゆるデキる男だったのです。調査の最終段階で社長面談となりましたが、話を聞いていくうちに、多く

の問題点は社長側にあるとの結論に達しました。その問題点とは、彼は自分の尺度で社員を評価してしまうという悪いクセでした。

社長になろうとする人は、通常人よりはるかに仕事ができる人たちです。ですから独立してご自分で事業を始めるわけですが、ヤル気もあり、能力もある。ましてや新しい物事に対する挑戦心も、通常人とは比較にならないほど高いはずです。

しかし実際に業務を開始してみると、順調に伸びていく社長とそうでない社長とに分かれます。その原因の1つに、社員が育たず、業績が伸びないというケースがあります。要するに人使いが下手で、社員を入れてもすぐ退職してしまうからなんです。

この原因の1つが、**自分と同じ尺度で社員を評価してしまうという悪いクセ**です。

このような事例はたくさんあります。社長個人は素晴らしい能力の持ち主であるのに、部下の扱いが下手で入社してもすぐ辞めてしまうのです。

私はよく社長の皆さんに申し上げています。

「社員を見るときは、ご自分の50％できたらよくできましたと認めてあげなさい。ご自分の物差しで社員を見てしまうと、社員から見たらハードルが高すぎてヤル気を失くしてしまいます」

実際に社長の物差しで測ってみたら、最高の営業マンであっても不合格になる可能性があります。社長はすべての社員のトップに位置していますが、能力的にも専門的知識を除いてはトップに君臨しています。その人が社員に対し、自分と同程度の業務を消化しなさいというのは、所詮無理な話です。

もしあなたが、優秀な社員を育てようとお考えなら、**自分の50％できたら「よくできましたね」と褒めてあげてください。**そして1つでもよいから改善点を見つけ出し、その段階で指摘してあげるのです。社員は喜びます。自分としては叱られるかもしれないと思っていたのに、仕事が認められたのですから。この人のために一生懸命働いてみよう、となります。

くどいようですが、くれぐれも自分の尺度で社員を測定してはいけません。これをやりますと、すべての社員が能力不足に見え、あなたは彼らに対して不満を抱くようになります。その不満が空気伝染して社員に伝わり、自分は求められていない社員なんだとひがむようになり、退職していきます。

この50％は永久不変ではありません。社員の能力に応じ60％にも70％にも上がっていくことは考えられます。しかし、私の経験では70％が限度です。社長と社員との能力差は、予想外に大きなものがありますから。

5 初めは契約社員、ジックリ観察してから正社員

社員を採用する場合、通常は次のような形になると思います。最初の3か月間は試用期間、その後に正社員採用です。この形式が一番多いのではないでしょうか。なかには試用期間6か月という例もありますが、一般的には3か月が多いようです。

試用期間とは、この期間で本人の仕事ぶりとか勤務状況を見させて貰いますよ、もし問題点があれば本採用しませんよ、というお試しの期間です。ですから正社員採用後に辞めてもらうのと、試用期間終了で辞めてもらうのでは監督官庁の見方が全然違います。

採用された社員の方も、この試用期間をうまく乗り越えれば正社員になれるわけですから、自分を高く評価してもらえるように、ミスをしないように慎重に振る舞います。そして３か月終了後、正社員になっていくわけですが、**実は問題点を抱えている社員は、正社員に採用されてからその本性を出してきます**。たとえば上司の指示に従わないとか、欠勤・遅刻が多い、仲間を扇動する。真面目に働かない等のさまざまな問題を少しずつ出してきます。経営者が失敗したかな？　と気づいたときにはもう遅いのです。

社員を色メガネで見るのは良くないことです。しかし、実際に会社を経営してみますと、すべての社員は善良で真面目で、一生懸命働く人ばかりであるという認識は、通用しないと気づかされます。大半の人たちは、大変素晴らしいメンバーです。しかし、一部には、そうでない人もいるという現実を直視しなければいけません。経営者には、会社を発展させ、そこで働く社員と家族の生活を維持し、商品の供給を通じて社会に貢献していくという大きな使命があります。その目的を阻害する要因は排除する必要があるわけです。

社長が大きく悩む問題点の1つに「解雇」があります。社員解雇のことです。真面目に働かない、社内規律も守らない等の問題社員を、比較的簡単に解雇することができれば、何ら問題がありません。しかしわが国の現行法では、社員の権利は厚い鉄板で守られています。この壁をなかなか崩すことができません。会社にはそれなりの正当な理由があって解雇したんですが、不当解雇という名目で会社が負けることなど日常茶飯事です。

私は職業柄、解雇をめぐる裁判で法廷に出たこともあります。そこで感じたことは、ダメ社員をかばい過ぎる現状の法律では、会社の正常な発展は期待できないな、ということでした。

そこで私なりの結論ですが、次のように考えました。まず第一は、**試用期間を3か月から6か月に延ばしてみる**ことです。

意外なことに、3か月を経過するころから問題点を抱えている社員は素性をボチボチ出すようになります。さらにお勧めする方法は、**最初の6か月間は契約社員として採用する**ことです。契約社員ですと、もしその6か月で問題があれば、6か月後には即刻労働契約を終了することができるからです。不当解雇という問題は発生しません。この6か月間でその社員を十分観察してから、良い人材と判断したら正社員に採用すればよいのです。

6 ガンガン指示を出さないと、優秀な社員は育たない

「私はA君を信じているから、指示はあまり出しません。本人に任せています」などと、平然とおっしゃる社長さんの多いこと。このA君が長い経験を積み、能力的にも人間的にも高いレベルにいる場合であればそのとおりかもしれません。

しかし多くの社員は、そのレベルに到達していないのではないでしょうか。そのようなメンバーに対し、自由放任型で社長があまり指示を出さないのは正しくありません。成長が止まってしまいます。

接客が悪いとか、電話の応対が良くない、出勤時間がギリギリだからもう少し早く出勤しなさい、書類の保管が悪いからキチンと保管しなさい、今度開催するイベントは重要だから、

手抜かりのない準備をしなさい等の注意をビシビシ出していくことが重要です。

人間とは不思議なもので、結構怠け者だと思います。悪質な部分はありませんから、私は「善意の怠け者」と呼んでいます。

自分で気づいて改善していく人もいますが、このような人はごく稀です。多くの人は人様から指摘されて、自分の非を悟るという状況です。家族の中で、子供が両親から諸々の注意を受けて成長していくのと同じです。会社においては社長や上司が親の役割を果たすことになります。

子供が大きくなり、親が亡くなってから、「そういえばオヤジからこの点をうるさく注意されていたなあ」なんて述懐している姿には、微笑ましいものがあります。

機会があったら、他社の様子を鋭く観察してみてください。この会社の社員は優秀な人が多いな、と感じたら、その会社の上司や社長は、口うるさく社員たちにビシビシ細かな指示を出していること、間違いありません。そしてその指示により社員は成長していくのです。彼らにそれがわかるのは、当社を退職して他社に就職したときです。

在職中は、うるさい上司だとか、ガンコ親父だと悪口を言っていたのに、離れてみて初めてその親心が理解できるようになります。

やはり理解しておくべきは、**人間は「善意の怠け者」**だということではないでしょうか。自分でもここをなんとか直さないと大きな人間にはなれないと思いつつ、そのキッカケがなかなか作れない。そこを会社の社長や上司から背中を押されて、歯車が回り出すという寸法です。

業務上の指示を多く出す人も大変ですが、それを受ける社員たちも大変です。緊張します。しかしその程良い緊張感が身を引き締め、良い結果につながっていくのです。経営者は、うるさ型でないと勤まりません。それによって社員は育っていくのですから。

指示を多く出す行為には、社員とのコミュニケーションが良くなるという副次的効果があります。個人的に対面して指示を出す場合には、それ以外の情報や意見を交換することができますので、よりいっそうコミュニケーションが良くなります。

社員から多くの意見を吸い上げ、社長の考えや方針を多くの人に聞いてもらう……これが経営の要諦です。

7 報告する社員を育てる

積極的に報告してくれる社員は少ないですねぇ。そのように感じているのは、私ばかりではないでしょう。多くの社長はそう感じていると思います。

もう少し早く報告してもらえば、あの得意先の脱落は防げたかもしれない。もう少し早く報告してくれたら、あの優秀な営業マンは引き抜かれなかったかもしれない。このような事例は計りしれないほどあると思います。ですから社長としては、早目に何でも報告してくれる社員を欲しがっています。

報告しない社員が多いことは事実でしょうが、この責任はどちらにあるのでしょうか。会社側が悪いのか、社員側が悪いのか？　これは結論から申し上げますと、１００％会社側が悪いんです。報告というテーマに関して、十分な社員教育をしてこなかったことが原因です。オーバー目にいいますと、**職場経験の少ない人々は、報告するのは社員としての当然の義務である、ということが正しく理解されていない**からなんです。

自社の社員には、よく報告する社員に育ってもらいたいとお考えなら、次の事例を参考にしてみてください。見事に直りました。

この事例は以前私が某中小企業から依頼を受け、実際に改善指導を行ったものです。その具体的手順を次に記してみます。

①まず全社員を集め、「現在の経営環境」「伸びる企業と滅びる企業」「情報の重要性と社員の報告義務」等の話をしました。
②次に社長に対し、次のような依頼をしました。
「情報の重要性とか、社員からの報告が会社の命運を決める」等の話を、折あるごとに話してください。（会社の会議とかミーティングの場で）
③さらに社長に対し、「具体的には何をどのような方法で、いつ報告すべきかを紙に書いて社員に配布してほしい」と依頼しました。
④さらに社長に対し、「社員の報告活動を促進するため、業務上の指示を多く出してほしい」と依頼しました。そのとき、次の2点を実施してほしい旨依頼しました。

（イ）依頼したテーマの期限を切ること

（ロ）完了したとき、または中途でもよいから必ず報告するよう社員に伝えること

⑤最後にもう1点、「各社員に依頼したテーマは克明にメモしておき、期限が到来しても報告のない場合には、その翌日、社長から必ず報告を求めてください」と依頼しました。

3か月経過したころから、会社の雰囲気がガラっと変わってきました。社員が上司や社長に対し、よく報告するようになってきたのです。

私はいくつかのテーマを社長に出しましたが、最も効果的だったのは、期限が到来しても報告しない社員に対し、社長から報告を求めたことでした。社長は我々に出した指示と期日をしっかり覚えていて報告を求めてくる。これはウカウカしていられないぞという社員の緊張感がもたらした結果でした。

指示した事項に対して報告を求めたにもかかわらず、指示していない事項についても積極的に報告してくれるようになったことが、社長としては非常に嬉しいと述べていました。

さらにもう1点、社内の風通しが非常に良くなったそうです。

8 「信賞必罰」を徹底することにより、職場士気は大幅アップ

「信賞必罰」の４文字。言葉の意味とかその重要性は十分理解されています。しかしいざこのテーマをそのとおり実行するとなると、つい手許が狂ってしまうので困ってしまいます。

２人の社員が同じようなミスを犯しました。見逃すこともできないので、社長は２人を別々に呼んで注意します。営業成績の良いA君には、厳重に口頭で注意するのみ、しかし営業成績の悪いB君には、そのうえに始末書の提出を求めました。

２人のミスに若干の差があったのかもしれませんが、これは明らかに社長のミスジャッジになります。２人が起こしたミスの時期がズレているのであれば、あまり目立たないかもしれませんが。

人間は感情の動物とよくいわれます。正しくそのとおりです。いつも真面目に働き、好成績を残している社員には、社長の対応が甘くなりがちです。その反対に成績もあまり芳しく

ない社員に対しては、その対応が厳しくなりがちです。

信賞必罰の実施状況に、社員別格差があると、社員は心の中で反発します。時間の経過とともにその反発が不信感につながり、いずれどこかの時点で爆発するかもしれません。

この問題を防ぐためには、**信賞必罰の実施状況を記録に残しておく**ことが必要です。この記録がないと、つい勘でやってしまうからです。

それともう1点、**信賞必罰の大まかな基準を社内で作成しておく**と便利です。これは社員に公表しません。

今までお話ししたのは社員別格差の件ですが、これとは別に信賞必罰そのものを、あまり実施していない企業が多いのに、ビックリします。社員が良いことをした場合には、褒めてあげましょう。それもコソコソやるのではなく、会議、ミーティング、朝礼等の場で堂々とその社員を褒めます。何か副賞を用意する場合もあるでしょうが、それも結構です。皆の前で褒められた社員は例外なく照れますが、心の中では喜んでいます。それよりもさらに素晴らしいのは、この会社では何か良い仕事をした場合には認めてもらえるんだということを、すべての社員が知ることです。職場の士気は必ず向上します。

「褒め上手な社長は名経営者」とよくいわれます。それほど褒めるという行為は簡単ではありません。叱ることは上手な社長でも、褒めることは苦手な方が多いようです。褒め上手な社長に変身しましょう。

「信賞必罰」という言葉は、褒めることだけではありません。悪いことをした場合には罰します。この必罰の2文字を忘れると、とんでもないことになります。いつも褒められてばかりいると、人間は有頂天になり使いものにならなくなります。

この必罰も信賞と同様に、非常に重要です。悪いことをした社員が何のペナルティも課されないと、自分のやったことは正しいんだと錯覚してしまいます。

必罰も信賞と同じように**社内基準を作成しておく**と、不公平感の防止に役立ちます。必罰の程度にもよりますが、場合によっては解雇もあり得るという含みも暗に知らせておく必要もあります。

良いことをした社員は褒め、悪いことをした社員にはペナルティを与えるという行為は、一見簡単そうに思えますが、このテーマは非常に難しいです。

しかし、名経営者になるためには、この高いハードルを越えなければなりません。

多くの社長さんはこう言われます。「叱るのは得意なんだけど、どうも褒めるのは苦手でねえ」これが偽らざる心境だと思います。社員を育てている実際の現場では**「叱り70%、褒め30%」**くらいではないかと思いますがいかがでしょうか。

9 目標に食らいついていく「企業風土」を醸成する

どこの会社でも、どこの部においても、年度が替わるごとに新しい目標が設定されます。この目標には数値目標もあれば非数値目標もあります。数値目標の代表選手は、売上目標になりますが、営業部全員がシャカリキになってそれに向かって挑んでいる姿には、人を感動させるものがあります。汗を流しながら、真剣に仕事に立ち向かっている人々を眺めると、時には神々しさを感じることとさえあります。

このような企業風土は、どのようにすれば醸成されるのでしょうか?

社員が一丸となって、各自の目標にチャレンジしていく企業風土をつくるには、いくつかの留意ポイントがありますので、以下に記してみます。

まず第一に、**減点式経営を強く打ち出さない**ことです。人は誰でも失敗します。その失敗を大きく取り上げる減点方式では、社員は失敗することを恐れ、挑戦しなくなります。多少の失敗ならなんとか許される、それを上回る成功を積み重ねれば汚名返上できるんだと、社員に思わせることが大切です。

次に教えることです。何を教えるのかといいますと、**自分たちが現在担当している業務の重要性**です。この辺りがどこの企業を見ても十分でないような気がします。会社が売上を確保して利益を上げる。その利益が社員の皆さんに給料として支払われ、皆さんの家族が生活できる。会社としては税金も支払う。その税金によってわが国が運営されている。設備投資等を通じて、他社の利益に貢献している。だからわが社が適正な売上や利益を追求することは善なる行為である。もし当社が赤字経営になれば、昇給もないし、社員の退職もあり得る。ざっとこのようなことを時には教えていかないと、自分の目標に対する執着心が薄れていきます。

次に、**社長自身が先頭に立ち、不退転の決意をもって目標にチャレンジする**ことです。この姿を見て、社員は奮い立ちます。高い所から社員に命令するだけでは社員はついてきません。自らが先に立ち目標に挑む姿を社員に見せつけていきます。これぞ正しく「社長の背中」です。会社が倒産したら、私も路頭に迷うことになる。諸君も職を失ってしまう。だから一度設定した目標は、智恵とチャレンジ精神で達成していこう。このように社長と社員とが危機感を共有することが重要です。

さらに、**ミーティングの機会を多くもつ**ことです。どこかのセクションの目標達成率が異常に低い。その人たちを集めて、何が問題なのか、どうすれば解決できるのかを徹底的に討論します。問題解決能力の項で、社員の「考える力」を強化したい旨話したことがありますが、これらの会合でも、社長としては解答はおもちでしょうが、しばらく我慢して彼らに考えさせてください。これらのミーティングは、コミュニケーションの改善にもつながりますので、適宜開催することをお勧めします。

一度設定した目標は、何が何でも達成していくんだという強い意識は、非常に重要です。将来起こるかもしれない問題点を予知できるようになります。

また今まではとても考えられなかった斬新なアイデアを創造できるようになります。さらにこの難局を乗り越えたことにより、大きな自信が芽生えてきます。この自信が、不可能を可能にする原動力となりますので、目標にくらいついていく企業風土の醸成は、至上のテーマとなります。

10　退職したい社員は、慰留してはいけない

社員が退職を申し入れてきます。その社員がその他大勢の中の１人であるならば、どうということはありませんが、最も優秀な社員だったらどうでしょうか。大きく心が動揺するはずです。退職理由等をよく聞いて判断されると思いますが、この社員は会社にとって必要な

ので、何とか慰留しようとお考えになるでしょう。

しかし私は、いかに優秀な社員であろうとも、退職を申し入れてきた社員を慰留してはいけませんよ、と社長さん方には話しています。

退職理由を聞いてみないとわかりませんが、給料が安いとか何らかの不満があったのかもしれません。あるいはスカウトされたとか、知人・友人が会社を起こすので協力を頼まれたから退職したいのかもしれません。いかなる理由があったにせよ、一度退職したいと申し入れてきた社員を慰留することは賢明ではありません。私は慰留はやめるべきだと考えます。一時的には踏み止まりますが、近い将来また同じことを言ってきます。そしてそのことを、周囲の仲間たちに吹聴して自慢する輩が結構います。

このような場合、社長はいかにこの問題を受け止めるべきでしょうか。私は社長が「負けた」と自覚すべきだと思います。当社が彼から見て、魅力的な会社で将来も嘱望できるものであるならば、知人・友人が会社を始めるからといって退職していくこともありません。スカウトされたにしても、条件が大きく変わらない限りイエスとは言わないと思います。彼から見たら、当社に大きな不満があったのかもしれません。その具体的内容はわからないにしても、**彼との闘いでは、社長が負けたのです。今後の二次被害を発生させないため、社長は仕事の進め方、待遇、業務環境等の現状を見渡し、改善すべきは勇気を出して改善していく姿勢が必要です。**

企業とは不思議なものです。社内でいかに重要な人物が退社しても、余程のことがない限り倒産することはありません。売上の大幅ダウンとか、巨額な貸倒損失の発生、従業員の集団退職、不渡手形の発生等の大きな出来事が発生しない限り大丈夫です。新社員の採用や格上げ人事等のヤリクリでなんとか切り抜けていけますので、あまり動揺しない方が得策です。

現在の民法では、社員が退職したい場合には、２週間前に会社に届け出ることが義務づけられています。しかし現実的に考えた場合、たった２週間で辞められたら満足な引き継ぎもできませんし、社内が混乱します。そこで多くの会社の就業規則では、退職は１か月前とか２か月前までに届け出してくださいと定めているのです。法律的に見るならば民法が優先しますが、社員が就業規則の規定を遵守してくれるのであれば、何ら問題はありません。

私は退職を申し入れてきた従業員の慰留は行いません。たとえ慰留して残ることになったとしても、心はすでに退職していると思うからです。

その代わり労働契約で、顧問先担当者は後任者への引継ぎがあるので、退職する場合は6か月前に申し入れてください、と定めています。一般従業員は1か月前です。今のところ大きな問題にはなっていません。

慰留して変な確執を残すよりも、後任への引継ぎがスムースにできるだけの時間を確保することの方が、私にとっては重要だと判断しているからです。

11　3年に1回は海外旅行を

「百聞は一見に如かず」

この言葉は重いですねえ。確かに言葉で何十回聞くよりも、たった1回だけでも実際に見た方が、心に深く沈みこみます。正しく旅行がそうです。国内・海外を問わず、自分の目や耳で確認したことは生涯忘れることはないでしょう。最近では不景気風が強いですから、社員の慰安旅行で海外へ出かけるケースは少なくなっていますが、以前は多くの企業が実施していました。

私の事務所でも、16年間、毎年1回海外旅行を実施してきました。私が海外旅行好きで、所員にも海外を見せてあげたいというのが、その理由でしたが、ニューヨークとカナダ、シンガポール以外はすべてヨーロッパ旅行でした。

２００1年9月11日、ニューヨークの世界貿易センタービルに、２機の旅客機が衝突した**同時多発テロ事件**がありました。あの年も12月に海外旅行を予定していましたが、この件で中止にしました。それ以来、社員旅行としての海外版は実施していません。社員が頑張って会社が好業績を残せた場合、臨時ボーナスを出すとか、感謝会を実施するとか、記念品を贈呈するとかして、何らかの形で社員の皆さんに謝意を表すと思います。

その部分を、若干お金はかかりますが、海外旅行に切り替えるのです。私の場合も全額事務所負担で実施していましたので、それなりの費用はかかりましたが、費用が一定額以下であれば全額経費として認められますので、税金で支払うか、経費で使用するかの選択になります。

海外旅行の効果の話になりますが、残念ながら**即効的効果はゼロ**です。気になるような効果は、全く感じられませんでした。ただ海外旅行にあまり賛成していなかった所員が、3回目が終わったころから、今年も海外行くんですかとか、今年はどこに行くんですか？　とか聞いてくるようになりました。私としては嬉しかったです。みんなが喜んでくれるのであれば、多少の出費は必要経費と割り切っていたからです。

海外旅行の即効的効果はゼロでしたが、**長期的な効果はあった**と思います。計測できるものではありませんが、各自の心の中にヨーロッパ各地で観た光景、生活様式、文化、人々の親切さ、日本との比較論等が刻みこまれているように感じました。

やはり海外に行っても、失敗談はいくつもありました。それらを皆が協力して乗り切ってきましたので、所員の一体感は増したように思います。

多額の費用がかかること、最近は飛行機事故が多いので事故が心配なこと、これらを総合的に考えるとそう簡単に実施できるものではありませんが、なんとか3年に一度くらいは、社員旅行の海外版を実施したいものです。**即効的効果はありませんが、会社に対するロイヤリティの向上とか、社員同士の一体感の醸成、業績を向上させるための地道な努力等においては注目すべきものがあります。**

この投資は、必ず見返りがあるものと、私は信じています。

12 すべての社員が好感度抜群、接遇はプロ並みのレベルで

ある商品やサービスに興味があり、その会社に電話をしました。概要や特徴を教えてもらい、その商品等に関する資料を送ってもらおうと思ったからです。いろいろなことを電話で教えてもらいましたが、先方の担当者の電話応対があまりにも酷かったので、とうとう電話を切ってしまいました。その会社とはそれっきりで、同様の商品を扱っている他社にアプロ

ーチして、現在取引を継続中です。このような経験は、どなたもされていると思います。電話の問い合わせがメールになったり、訪問になったり、こちらへ来社してもらっても同じです。

同業他社が1社も扱っていない、この画期的商品を扱っているのは当社のみ。このような状況であれば、どんなに**電話応対**が悪くても、**接客マナー**がよろしくなくても、クライアントは我慢してその会社から買うでしょう。しかし現在、このような状況に置かれている商品はごく一部で、ほとんどの商品は多くの会社から購入することが可能です。

このような状況下で、電話やメールの応対が悪かったり、商品説明に誠意が感じられなければ、もうお話になりません。実は私自身にもこのような苦い経験がありました。先方の会社は、新入社員の訓練のつもりでやらせていたのかもしれませんが、こちらは非常に迷惑です。教育訓練をしっかり行い、ある程度できるようになってから実戦配備すべきでしたが、私はその会社の社長の神経を疑ってしまいました。当然その会社とはそれっきりです。

他社より優れた商品を開発し、販売価格も他社より安い、商品開発部が自信をもって世に送り出した商品を、これから売りまくって売上を伸ばそうと考えていたのに、販売の第一線があの体たらくでは夢も消えてしまいます。

非常に厳しい環境下で勝ち抜いていくためには、すべての社員の電話応対テクニックが上手でなければいけません。メールテクニックも接客能力も同様です。

少しオーバー目にいいますと、すべての社員が電話・メール・接客の分野においてプロ並みになってほしいというのが本音です。

初めてお会いする人々に、すべての社員が好印象を与えることができれば、その後のビジネスの展開が有利になります。

商品開発や価格ダウン競争には真剣に取り組んでいる会社が、クライアントと接する人々の接遇技術の向上に力を注がないのは不思議でなりません。

ある人が、興味をもっている商品があったので販売先の会社に電話をしたそうです。電話の応対が非常に感じが良かったので、つい営業マンの当社への来社説明をオーケーしてしまいました。彼を訪ねてきた営業マンは若者でしたが、商品知識もあり、爽やかなそして誠実な印象で、好感のもてる青年でした。

その結果、少量の商品をトライアルとして購入することになりました。もし先方社員の応対が上手でない場合にはどうなったでしょうか。**現在は商品等の格差がつけ難い時代**になったといわれます。すぐ追いつかれてしまうからです。しからば、**社員の質で差をつけましょう。**全社員、プロ並みの接遇テクニックの習得です。

13 社長、思いっきり怒りましょう、社長の怒りが社員を育てる

ものの本によると、上司が部下を感情込めて叱るのは良くありません、叱るのではなく、褒めることによって部下を伸ばしましょうと書いてあります。正しくそのとおりでしょう。また、感情的に部下を叱っていたのでは、近い将来必ず反発が返ってきます、よく注意してくださいねとも書いてあります。まったくそのとおりでしょう。

このようなキレイ事がたくさん書いてあります。しかし私が知っている多くの社長さんたちは、むしろこの反対のタイプの人が多いようです。そして私も多くの社長さんたちに**「怒**

りたいときは堂々と怒りなさい」と言っています。

本当に怒りを感じない人は、怒らなくても良いでしょう。それが自然ですから。しかし心の中では怒りを感じているのに、聖人君子面して自分を抑え込んでしまうのは、身体に良くありません。どこかで弊害が出てきます。

怒りを感じたら、正面から堂々と怒っちゃいましょう。真の人間関係は、本音と本音がぶつかり合って少しずつ構築されていきます。ですから**社員に対し、本当に怒りを感じたらガンガン叱らなければダメです。社員はそんな親父の背中を見て成長していきます。**褒め言葉も、叱り言葉と同様に重要ですからね。

「社長は怒るべきときには怒らなければダメだ」というのは私の持論ですが、若干注意すべき点もありますのでごく簡単に。

①**個人的な感情で怒ってはいけない**

アイツは嫌いなヤツだからとか、朝出がけに奥さんと喧嘩したからとか。

②叱られる人間が、なぜ自分は叱られているのかがわかっていること

理路整然と話す。

③不公平に叱ってはいけない

2人が同じミスをしたのに、1人だけ叱り、もう1人は叱らないとか。

④社長自身ができていないことを叱らない

「社長、自分だってやってないじゃないですか」と反論されるのがオチ。

⑤君の将来のために叱っているんだよと薄々感じさせること

これは難しい。しかし控え目に、恩着せがましくないようにやるのがコツ。

⑥叱りの終盤戦では力を抜く

スタート・中盤戦では、思いのままズバズバ。しかし終盤戦では怒りの感情を抑え、激励型に変えてゆく。

⑦叱った2、3日後には声をかけてみる

周囲をよく見渡してください。よく社員を叱っている社長ほど、一生懸命働いているという現実に気づいたことありませんか。もし社員を叱るだけ叱り、自分が怠けている社長の場合には、社員の心が離れていきます。退職するとか、自分もあまり働かないようになります。

しかし怒りまくっている社長は正直よく働きます。朝早くから夜遅くまで、頑張っています。社員の皆さんは、社長のその姿を見ているからこそ、どんなに叱られても社長について行こうとするのです。

それともう1点大切なことがあります。

他人を叱るという行為は、自分自身を厳しい環境に追い込んでゆく行為でもあるのです。

ですから**「よく叱る社長はよく働く」**これ正解です。

14 問題解決型社員の涵養が急務

営業マンは、売らなければならない。仕入担当者は、いかに良い商品を安く早く仕入れるかが最大の課題となります。商品開発担当者も、いかに他社より優れた商品を開発し、安く供給できるかがテーマとなります。担当セクションにより与えられるテーマはそれぞれ異なりますが、いずれのセクションも長期間にわたり業績が順調に推移するとは限りません。むしろ好調なときもあるけど、不振のときもあるというのが現実でしょう。

問題は、業績が横バイか低下し始めたとき、会社としていかに対処すべきかという点にあります。情報の収集を通じてその原因を発見し、素早い対応が求められます。

売上が若干低下気味になってきたけれども、この程度は環境連動部分だから仕方ないとか、この好景気なのになぜ当社の売上は落ちているのか。商品性なのか、価格なのか、営業能力なのか、それとも新しいライバル企業の出現なのか、等の問題点を発見し、その対策を早く打たなければなりません。

いわゆる**問題解決能力の優劣が、各企業の業績を左右する**ことになります。これからの企業経営は、知識やノウハウのつめ込み型では生き残れません。今まで経験したことのないような事態が突然出現することもありますので、社長を含めすべての社員が、いかなる事態になっても乗り越えていけるような、問題解決型社員の養成に注力していかなければなりません。

ある企業から、営業成績が悪くなってきたので診断してほしいとの依頼がありました。所定の手順により作業を進めていったところ、営業マンに問題ありとの結論に達しました。特にその中で他社に比べて当社の営業マンは、すべての点においてスピード感が足りないとのことでした。問い合わせの返事、苦情処理、商品の交換、納品日数等ほとんどのテーマにおいて他社よりも遅かったようでした。その点が気に入らなかったので、他社から少しずつ食い込まれていったそうです。

問題解決型社員を養成するには、若干考慮すべき点があります。本章の２「社長の背中は最高の教材」のところでも述べていますが、社長は正しい対策を決定し、それを部下にビシビシ指示していきます。しかしこれでは若干の問題が生じてきます。

社員が自分で対策を考えることなく、社長の指示どおりに動けば業績は安定すると思いこみます。問題解決型社員に最も必要な能力は「考える力」です。**現象をしっかりつかまえ、将来起こり得るであろう問題点を予想し、それに相応しい対策を自分の頭の中で組み立てる能力です。**

ですから、個人面談とかグループ討議や社員研修のとき、社長の頭の中ではすでに正しい対策が用意されていますが、それは伏せておき、社員の皆さんに考えてもらう過程を設けることが賢明です。人間の習性とは恐ろしいものです。いつも対策を上司から貰っている人は、自分で対策を考えようとしません。これから必要な社員は、100％イエスマンではありません。問題解決能力に優れている人材です。

第4章

顧客管理の

良否が命運のカギ

1 顧客管理の重要性

ビジネスを展開していると「管理」という名称が随所に出てきます。管理者研修、在庫管理、売掛金管理、商品管理その他いろいろ、数え上げたらキリがありません。その中で最も重要なものが「顧客管理」です。顧客とは得意先を意味します。現在の得意先しかり、将来顧客になるであろう人々・会社まで、その範疇に含めます。一見顧客管理とは難しそうに思えますが、実をいえば非常に簡単で、常識どおりにやっていれば何ら問題はありません。ところがこの常識的なことをやっていない企業が実に多いので驚いてしまいます。

たとえば、客の**固定化対策**も顧客管理の重要なテーマですが、次の例で考えてみてください。AとBの2つの会社が同じ得意先と取引をしていたとします。A社はその得意先に対し、3日に一度は訪問し、その真中で一度は電話連絡をするよう社内で決めてあります。

ところがB社は、10日に一度の訪問で、電話連絡については特に決めてありません。もし、

ＡＢ両社が納めている商品の品質、価格、納品日数、アフターケア、営業マンの能力や好感度等が同じとした場合、接触頻度の高いＡ社の方が少しずつシェアを伸ばしていきます。

接触頻度の低いご夫婦は、高いご夫婦より離婚率が高いとよく言われていますが、この関係は夫婦問題に限ったことではありません。ビジネスにおいても同様です。他の条件がすべて同じとするならば、接触頻度の高い人々の方が人間関係は強くなります。１つでも条件が異なれば、この関係は成り立ちませんが……。

決算期が近づいてきました。営業部は1年間の売上を集計して、対前年伸長率１３０％になったので大喜びです。この不景気な時代に、売上を30％も伸ばしたということは、非常に立派なことで大いに喜ぶべきでしょう。しかしこれを顧客管理面から分析してみますと、若干の問題があります。その売上の中で、新しい企業に対する売上は0でした。既存取引先の中の2～3社が、例年より多く購入してくれた結果の30％アップだったのです。

これでは顧客管理面から見た売上は、必ずしも合格とはいえません。**1年間の売上の中には、ある一定割合の新規客に対する売上が含まれていなければなりません。**要するに毎期新規客を増やしたうえでの売上でないと、将来の売上が安定しないからです。既存客だけに詰め込むような強引な売り込みをした場合、翌期以降のどこかで必ず反動が出ます。また値引を強要され、売上総利益率が下がったり、回収不能額が発生したりするケースも多々あります。

このように**顧客管理は、あくまでも長期安定売上を達成するための、商品開発と並ぶ最重要テーマ**です。

まず、目標売上に必要な客数を確保する。これは大変な作業です。時間がかかります。これが思うようにできない企業は破綻します。それ以後も毎期毎期一定数の新規客を増やしていく。そうして増やした得意先を、同業他社に奪われないよう綿密な施策を講じていく。その上に優秀な営業部隊が、販売攻勢を仕掛けていくことになります。

顧客管理というものは、厳しくて楽しいテーマです。本章ではこの点を詳述していきます。

2 客単価と客数には密接な関係がある

客単価とは、得意先1社当たりの平均売上高をいいます。ある一定売上高を狙う場合、客単価が高くなれば、必要客数は少なくてすみます。しかしその反対に、客単価が低くなれば、客数を多く確保しなければなりません。

仮に、ラーメン店を開く場合、購買力との関係から富裕層の多いエリアでは、単価を高めに設定して良質なものを提供し、貧困層の多いエリアでは、単価を低めに設定して品質を若干落とし、客数を多く集めます。これはビジネスの世界では当然のことです。自分の**ビジネスを環境にマッチングさせる**という考え方です。

ところが創業期においては、多くの場合、企業の客数が少ないというのが現状です。しかし経営上、ある一定売上は確保しなければなりません。そのため少ない得意先に対し、無理矢理売り込んでしまう。この反動が必ずどこかで表面化してきます。値段を叩かれる。支払いの悪い会社とわかっていながら納品してしまう。毎月の受注にムラがある。返品が多い等の現象です。これらの問題を避けるためには、平均的客単価を超えた売り込みは控える以外にありません。そのためには**新規客獲得に全力を尽くすことと、創業時に豊かな資金を用意してからスタートすること**が大切です。

「創業時にある程度の資金は用意しないと、ビジネスは成功しませんよ」と私は常々言っていますが、世の中思うとおりにはいきません。資金不足だけれども、どうしても今独立したい、と気持ちだけ急く人が結構いらっしゃいます。

元金を貯めるということが、その人に忍耐心や冷静な判断力、努力癖を植え付けてくれます。元金を貯める苦労もせず、親からの資金援助で独立した方の挫折が多いのは、ある一定期間の苦しい辛い思いを体験していないからです。

業種によっても客単価は異なります。またクライアントの規模においても客単価は変化してきます。大型で優良な得意先が多ければ、当然客単価は高くなります。

ただここで注意すべきことは、**客単価をあまり高くしないこと**です。売上に苦しんでいる会社は、何がなんでも売上を伸ばそうと努力します。これは当然のことですが、本来は客数を増やすことによって売上を伸ばすべきところ、新規客の確保が難しいところから、ある特定の既存客に売り込んでしまうという行為です。この点はよく理解できます。何せ売上を上げないことには、給料や家賃も払えなくなりますので、とにかく売上の確保が最優先です。その結果、納品単価を値引きされて売上総利益が低下したり、代金回収期間の長期化、さらには、反動による翌月以降の売上減という現象を引き起こしてしまいます。

このように、客単価と客数とは密接に関係がありますので、売上が伸びているからといって、手放しで喜ぶわけにはいきません。客単価を異常に高めないためにも、**客数を増やす考え方と努力が自社の経営を安定させるためには、必要不可欠**となります。

売上至上主義は誤りです。あくまでも、正しい形による売上なのかを検証しなければなりません。

3 新規客を増やすことが、未来永劫の最重要テーマ

社員100人の中小企業があります。この会社が5年間、社員の増減なしで同じメンバーで過ごしたとしたらどうでしょうか。5年間1人も退職しないのですから、余程素晴らしい会社なんでしょう。それともこの会社を辞めてしまったら、他に就職することができないという不安感からなんでしょうか。そのいずれにしても、このような状態が続いたら、何らかの弊害が生じてきます。水が濁ってしまいます。緊張感のない、ダラダラ会社になっている可能性大です。

貯水槽で水を貯めています。よく見ていただくとわかりますが、常時ある一定量の水がチョロチョロ入り、同じ量の水を排出して水中の鮮度と水量を保っています。社員の管理も全くこれと同じで、毎年ある程度の社員が入社し、ある程度の社員が退職していきます。この循環作用が停止しますと、社員の質を高く維持することができません。

取引相手となる客数にも同様のことがいえます。全社員が一生懸命努力して、固定化対策を実施しても、ある一定割合の顧客は離れていきます。営業マンが気に入らない、品質に問題がある、価格が高すぎる等の問題点を指摘されて、御社との取引を停止してしまいます。

具体的な対策を講じて新規客をいかに取り込むかを考える前に、前述のように**少数の客は毎年離れていくという現実**を頭の中に叩きこんでおくことが大切なんです。

クライアントはいつも浮気者で同業他社にいつ鞍替えするかわからないという不安があると、会う人々にさり気なく新規クライアントの紹介をお願いするようになります。また社員も同様のアクションを起こしますし、社長であるあなたの身体から、「ウチを必要としているお客さんがいたら、是非紹介してくださ〜い」というオーラが漂ってきます。

「そんなバカな話があるもんか」と鼻の先で笑っていらっしゃると思いますが、これって本当なんです。**物事を成就するためにまず第一にすべきことは、「思うこと、願うこと」**です。このステップが終わると、目に輝きが出てきます。次に口や身体がごく自然に目標に向かって動き出します。

既存客の一部が、常時少しずつ離れていくという前提をつけますと、**新規客の増加は、企業が続く限り未来永劫のテーマ**となります。社長が、ええかっこしいタイプの方で、ウチの会社は商売順調だから、新規客は特に必要としていません、などとウソぶいている会社には、どなたも客を紹介してくれません。社員も新規客獲得に向けて努力しなくなります。

業種や会社により、新規客獲得の方法は異なりますが、目を見張るほどたくさんの方法があります。ネットからの検索や広告、新聞・雑誌、ダイレクトメール、テレビ広告、FAX、電話、紹介キャンペーン等さまざまありますが、どの方法でも構いません。気に入った方法でトライし、効果がなければ次の方法もやってみるというのが正しいのかもしれません。私の知る限り**業績で苦しんでいる会社は、新規客獲得のテーマに努力していません。**

私自身が最近感じるのは、電話によるビジネス紹介広告が非常に増えたなということです。この方法は、相当以前からある伝統的な手法ですが、まだ繰り返されているのかな、という感じです。新規客を増やすというテーマは、企業を繁栄に導くパスポートです。

4 売上の安定には、新規客売上比５％以上を狙おう

中・長期的に売上を安定させるためには、いかに立派な固定化対策や販促策を実施しても、新規客を増やさなければダメですよ、と申し上げてきました。しからば、毎期どの程度の新規客を増やせばよいのでしょう。件数的にはともかく、当期の売上の中に、当期獲得した新規客に対する売上がどの程度あるかによって、ある程度判断できます。

その判断基準とは、次のとおりです。

当期の売上の中に占める、**当期獲得した新規客に対する売上の割合が、５％以上**あることです。**10年間毎期継続してこのラインをクリアすること**です。10年間の売上は非常に安定したものになり、恐らく10年間の売上伸長率は３００％を超えてくると思います。

５％という数値は簡単そうに感じられると思いますが、実際にやってみるとこれが意外に難しいのです。努力して新しい得意先を開拓したとしましょう。口座を作って取引を開始す

るわけですが、先方もこちらを注視していますので、最初は少額の注文しかくれません。半年か1年ほどこちらの対応を見て、それから少しずつ注文を増やしてくれます。ですから件数的には新規客が結構増えていますが、金額的には5%とはいえ、その達成が意外と難しいのです。

是非一度実際にお試しください。私の申し上げていることがご理解いただけると思います。今年獲得した新規客は、余程のことがない限り、翌年は200%以上の伸長率が見込めます。3年目以降はそれほど多く見込めませんが、前年（要するに2年目）の新規客に対しある程度見込めますので、売上が安定してきます。

良いことばかりではありません。いかように努力してみても、脱落してゆく得意先が若干はあります。脱落しなくても、取引額が大幅減少したり、小幅減少するケースは随所に見受けられます。しかし、本年度取引を開始した得意先に対する売上が、当期の合計売上の5%以上占めている場合には、余程大きな減少でない限り、合計売上の伸長率が100%を切ることはありません。

その理由は、**前期以前に取引を開始した得意先に対する売上が、2年目以降は目に見える**

形で増えていくからです。３年前の新規客、４年前の新規客たちの取引が、通常であればグングン伸びていきます。

もし時間があれば、騙されたと思って次の計算をしてみてください。ここ5年間で獲得した新規客に対する売上が、その年度の合計売上の何％を占めているでしょうか。好業績を残しておられる会社のこの比率は、恐らく皆さんがビックリされるほど高くなっているはずです。**それほど継続的に、毎期毎期新規客を増やすという行為は威力のあるもの**です。

新規客を増やす努力を積極的に行わず、固定化対策や販促策等で売上の向上を狙っている会社は、どこかの時点で大きな壁にぶつかる危険性があります。10年間の売上を安定させるため、10年間毎年、新規客に対する売上構成比が５％となるよう頑張ってみてください。

5

他社が出していない新商品・新サービスの開発が生命線

ビジネス上、顧客管理は最重要なテーマだと申し上げてきました。実はそれと肩を並べるほど重要なテーマがもう1つあります。

それは**「新商品開発」**です。他社がまだ販売していないような、画期的な新商品を開発すれば、顧客管理も販促策も関係ありません。若干の広告活動をするだけで、その商品は、飛ぶように売れます。恐らく売れ過ぎて、生産が間に合わなくなるでしょう。

しかし同業他社もポヤンとしている訳ではありません。日夜新商品開発に注力していますから、そう簡単に1社だけ抜け出すことはできません。

1社が画期的な新商品を開発販売しても、他社がそれを上回る商品をすぐ開発してきますので長い期間にわたって独走することはできません。それでもビジネス戦線で勝利の盃を手に入れるためには、常に新商品開発競争に勝たなければなりません。

私は長い期間、足の水虫に悩まされ続けてきました。何十種類の水虫薬を使ったことでしょうか。それでも未だに治っていません。もう完治することは諦めていますから、水虫は私の友人です。

その当時から、水虫仲間の周囲からは、次のような言葉が飛び交っていました。

「2～3回塗るだけで水虫が完治する薬を発明したら、ノーベル賞もんだね」

しかし未だに、そのような薬は開発されていません。

最近のテレビコマーシャルで、自動車が走行中、目の前に障害物が現れると急停止するというのがあります。これが本格的に機能してくれたら、こんなに素晴らしいことはありません。事故発生の確率は相当減ると思います。私は実際にそのような車にまだ乗ったことがありませんから、正確なコメントは出せませんが、もしこれが現実になれば、画期的な発明になることは間違いありません。

しかしここで注目すべき点は、この技術は特定の自動車メーカーだけが開発したものではなく、複数のメーカーが同時開発していますので、その便益を1社だけが独占することはできないということです。
しかし、これほど新商品開発は難しいものでありますが、この分野で弱い企業は生き残ることはできません。**他社がまだ出していないような新しい商品や技術を開発していきましょう。他社との差別化が、売上向上のキーとなります。**

新商品開発という言葉で述べていますが、他社から商品を仕入れて販売する、いわゆる販売系の会社はどうすればよいのでしょうか。新しい商品を自ら制作することはできませんので、**販売方法などのサービス面で他社との差別化**を考えてみてください。これも立派な新商品開発です。

たとえば、保証期間をメーカーの1年間に、当社独自の2年を加えて3年にするとか、希望者には配達サービスをつけるとか、さらには閉店時間を、通常の夜8時から10時に延ばすとか、価格割引や諸手数料の無料化とか、修理期間を他社の半分にするとかの他社にないサービスを実施することは、メーカーの新商品開発に相当します。

販売戦線で大切なことは、同業他社がまだやっていないような新サービスを実施することです。他社に差をつけてください。その具体的手法については、社内会議で意見を出し合ってお決めいただくとよいでしょう。

6 顧客は浮気者、いつでもそのチャンスを狙っている

キレイな水は、いつも循環しています。新しい水を少しずつ入れ、同量の水を排出することにより、その鮮度を維持しています。会社の社員についてもまったく同様です。定数社員が常時在籍するだけでは不十分で、その中身は少しずつ変動しています。退職する人、入社する人を常時受け入れて社員の定数を維持し、その循環により社員の質を高めていきます。

このことは、顧客についても同様のことがいえます。顧客が満足してくれるよう、最善の努力をしているにもかかわらず、ある一定数のお客様は何やかやと理由をつけて離れていきます。ですから「新規客増加」は未来永劫のテーマとなります。

品質が悪い、価格が高い、納品期間が長すぎる、アフターケアが遅い、営業マンとの相性

が悪い等の理由を掲げて取引中止を迫ってくる顧客はゴマンといます。彼らはいつも同業他社の情報を仕入れており、その情報をネタにして取引条件の改訂を求めてきます。

最も卑近な例が、値引き交渉です。「他社ではこの商品は、○○で入れてくれるらしい、お宅ではどうなの？」ざっとこんな調子で交渉してきます。もしお宅が○○にしてくれないのなら、お宅を止めて他社と取引を始めますよ、と言わんばかりです。

取引先を減らさないというテーマは、最高ランクに位置づけられていますが、それでもある一定数の取引先は当社から離れていきます。その理由の中で最も多かったのは、次の3つでした。

まず**品質が悪い**、次に**価格が高い**、その次が**営業マンが良くない**です。品質と価格はよく理解できますが、営業マンに不満があるというのは、正直あまり考えられませんでした。営業職に向いた社員をセレクトし、社内で研修も重ねていますので、クライアントからそのような苦情があるとは思えません。しかし数多くの会社から得た情報では、そのような感触は確かにありました。

取引年数が3年を超える得意先には、細心の注意が必要です。というのは、ある一定年数を経過し、仕入先の情報をしっかり把握してくると、他社と取引をしてみたいという願望が芽生えてくるからです。１年目は様子見、２年目は馴れた感じ、３年目はそろそろ浮気してみたいな、といった感じです。

私は、お客様は浮気者なりと実感しています。そして仕入担当者が代わったときが危険です。取引中止の話を切り出してくるケースが多いからです。それが会社の方針なのか、新しい仕入担当者のコネで新しい仕入先が割り込んでくるのかは不明ですが、とにかく**仕入担当者の変更時前後**は要注意です。

商品の品質の問題は、個人レベルでは太刀打ちできません。価格問題は会社である程度対応できます。営業マンの質の問題は、会社としてある程度解決することは可能です。Ｏ・Ｊ・Ｔを通じてベテランの営業マンが徹底的に個別指導を行い、ＯＦＦ・Ｊ・Ｔで会社もある程度の予算を使い、営業マンを教育訓練しなければ、競争に勝ち残ることはできません。率直に申し上げて、このような営業マン育成策が採られている会社が、中小企業では少ないように感じます。

7 固定化対策（その1）、消費者志向マーケティングに徹すべし

「顧客志向マーケティング」という考え方があります。これは、得意先にいかに売り込むかを軸として、会社の販売戦略を構築していくというものです。キャンペーンやさまざまな企画ものを用意し、アノ手コノ手で売り込んでいきます。得意先が買ってくれれば一応終了です。

しかしこの売り方では、若干の問題が発生します。たとえば売れ残った商品の当社への返品です。キャンペーンでさまざまな特典があったから買ったものの、思うように売れなかったので返品したいという場合です。

この場合には、先月の売上は何だったの？　という疑念が湧いてきます。一般的な商習慣として、キャンペーン商品の返品は認めないというケースがありますが、その場合には返品はないものの、在庫品として残ってしまいます。そうなれば以後の仕入をしなくなります。これでは何のためのキャンペーンだったのでしょう。

次に「**消費者志向マーケティング**」という考え方があります。これは、得意先に商品を買ってもらうのは同じですが、得意先がエンドユーザーまで売り込む段階で、必要な応援をしようとする考え方です。そうすることにより、当社が得意先に販売した商品がスムースに流れるようになり、また次の販売につながっていきます。ただ得意先に商品を売るだけでなく、その商品がその先に流れるような応援をセットにして売り込んでいく手法です。

ただこの方法はあくまでも応援であり、側面援助ですから、メイン部隊は得意先の社員ということになります。


具体的には、どのようなことを応援するかといいますと、まず**販売情報の提供**です。この商品は、このようにしたら売れますよとか、○○会社はこのようにして販売に成功しましたよといった成功事例の提供です。また**販売キャンペーン等のご提案**です。このような場合、単に提案するだけでなく、若干の人的応援もしてあげます。さらに高度になると、得意先の営業マンを集め、当社の社員が講師となり、社員研修会を実施したりします。

この商品の開発意図から、使用上の注意点、セールストークの応酬話法例まで、懇切丁寧に教えていきます。

仕入先の会社から、このようなサービスを提供されると、得意先は非常に喜んでくれます。どうせ取引をするのなら、御社のようにさまざまなアドバイスや応援をしてくれる会社としたいと多くの得意先は言ってくれます。そして取引額も増えていきます。しかし注意すべき点があります。

それは先方が当社を頼りにして、何でも依頼してくるようになることです。当社はあくまでも応援部隊ですから、主役はあくまでも先方の営業部隊であることを認識してもらうことです。この辺の線引きをしっかり行うようにしてください。

さらにもう1点、この消費者志向マーケティングを展開するためには、主力の営業部員とは別に**販促助成担当（仮称）の人材が若干名必要**となります。これは営業部内に設置してもよし、独立させても構いません。

当社の販売を真に強固なものに仕上げるためには、ただ売り込むだけの「顧客志向マーケティング」の考え方では、とても対応できません。商品の品質が抜群に優れており、販売価格が同業他社に比べ格段に安い等の破格条件が継続維持できない限り、中小企業においてはとても無理です。

それに比べ**「消費者志向マーケティング」**では、多少手数はかかりますが、**販売価格も比較的高めに維持することもでき、売上も安定するという大きなメリット**があります。そして最も効果的な点は、**得意先の固定化対策に大きく貢献**できる、ということです。

8 固定化対策（その２）、強力無比な営業マンを育てる

売上も安定し、業績も安定している会社には優秀な営業マンが多いのも事実です。私も随分長い期間、営業マン研修の講師をやってきましたが、研修がスタートして３分もすれば、優秀な営業マンか否かがすぐわかります。

彼らはキチンと講師の顔を見ています。ただ見ているだけでなく、目力があるからすぐわかります。ただ厳しいだけの目ではなく、懐かしさを感じさせる優しい目であり、あなたの

言い分もしっかり聞きますが、私の言い分も聞いてくださいね、という感じの目をしています。

人間も動物も同じですが、**感情はすぐ目に現れます**。優しい人は、優しい目をしています。その反対に意地悪な人は、そのような目をしています。気の強そうな女優さんが、結婚したとたん穏やかな顔に変わってしまうことは日常茶飯事です。テレビを観ていると、私は気持ちの優しい人間なんですよと訴えている人がよくいますが、目を覗いてみると冷ややかな目をしている人がいます。表情は欺くことはできても、目だけは欺くことができません。

優秀な営業マンの特徴は、出会いの瞬間である程度わかります。知らない人と初めて会うというのに、柔和な表情で軽い笑顔を浮かべています。フレンドリーというのでしょうか、親しげな表情で、相手の方とは千年の知己のような目をして挨拶を交わしています。

多くの人々は、顔の表情は穏やかでも、目の表情には多少の不安感とか警戒心を漂わせていますが、彼らにはそれがありません。私の友人に営業マンの神様のような人が2人いますが、彼らと会うときの最初の瞬間が私は好きです。いつも素晴らしい笑顔と優しい目で接してくれるからです。

会社の営業部隊を強力なものに仕上げようと考えたら、超優秀な営業マンを１人だけ欲しいものです。待遇等の問題もありますから、そう簡単にはいきませんが、よく観察してみますと、**周囲の営業マンは知らず知らずのうちに、彼の真似をするようになります。そして少しずつ、営業マンとしての腕を上げていきます。**

さらに成績の悪い営業マンがいた場合、彼のアシスタント役を命じ、共に行動させます。これは超優秀営業マンは嫌がりますが、事情をよく説明してＯＫをもらうようにしましょう。デキの悪い営業マンは、必ず立ち直ってきます。

さらに必要なことは、**体系的な営業ノウハウを、集合研修の形で実施**することです。毎月１回でも構いません。継続してください。営業マンに必要な基礎的な勉強を、時間をかけてジックリ実施することです。この研修会が、後に大きな力を発揮することになります。このテーマは遅効性ですから、会社側も本人たちもあまり賛同しませんが、是非実施していただきたいものです。外部講師に依頼するケースが多いようですが、社内講師でも、社長さんでも、大いに結構です。営業マンに限らず、基礎勉強をジックリやった人が最後は勝ちます。私の知る限り、このような営業マン対象の集合研修を実施している中小企業は少ないように感じます。

最後に待遇の問題について触れます。会社が危険状態だったので寝食も忘れて一生懸命働きました。当然素晴らしい成績を残しましたが、会社側は褒めるだけで、給料面での貢献度評価はあまりしてくれません。なぜなら、給与体系がほぼ固定給制だったからです。

いま時、営業マンの給与体系が完全固定給制という会社はないと思いますが、たとえ変動給が導入されていても、その比率が低すぎる会社はたくさんあります。せっかく変動給を導入しているわけですから、良い成績を残している営業マンには、彼らが納得できるような給料が渡せるような仕組みを構築しないと、良い営業マンは集まらないし、育ちません。

優秀な営業マンが多いほど、得意先の固定化対策は進みます。他社の営業マンより当社の営業マンの方が優秀ですから、彼らは得意先が他社に流れないよう、細心の注意を払って引きつけておくからです。**お金と時間をかけて、会社の意を汲んで活躍する営業マンを育成す**

ることが、大きな固定化対策となります。

9 固定化対策（その３）、顧客は成長する企業についてくる

「強い者はさらに強くなり、弱い者はさらに弱くなる」

この言葉は、格差の現実を見事に言い当てていますが、正しく現実です。強い企業、伸びている企業には、需要が集中する傾向があります。シェアの高い企業ほど、価格決定権は強くなり、ライバル企業と勝負したいときには、思い切ってプライスダウンを実施します。高シェア企業は、その他企業に比べ耐久力が強いですから、さらにシェアアップを図ることができますが、余程のことがない限りそうはしません。お互いの首を絞めることになるからです。

ある企業が商品やサービスを仕入れるとき、品質、価格、アフターケア、営業マン等の個

別的要素を検討したうえで仕入先を決めることは、自明の理です。ところが、もう1つ見落としてはならない基準があります。それは、**成長している企業または今後成長が期待できる企業から購入しようとする企業家心理**です。

成長している企業には、そこに何かしらの原因が存在します。クライアントに提供する情報量が多いとか、営業マンのレベルが高く、表情や活動が活き活きしている、社内の雰囲気が明るい、また、営業マンの上司たちも頻繁に訪問してくれ、アドバイスをしてくれたり、相談にのってくれる。業績不振企業からは感じ取ることのできないサービスを提供してくれるので嬉しいという感覚です。

この企業家心理を無視することはできません。たとえば、毎年20%の伸長を5年間続けている企業を想像してみてください。当然社員数も増えます。車輛も増えます。会社の設備も増強され、会社の規模も大きくなります。また成長企業で働く社員の表情も明るく前向きであり、提案してくれる販促企画案等も画期的で、やってみたくなるようなものばかりです。

そして私たちの会社も、このような成長企業の仲間に入っていきたいと願うようになり、これらの会社との取引を通じて諸々のノウハウを吸収しようと考えるようになります。

このように考えますと、当社が**業績を毎期確実に伸長させているという実績が、大きな固定化対策になっている**ということはおわかりいただけると思います。実際に人も羨むような実績を残すことが大切ですが、その事実を嫌味なく、周囲の取引先に知らせる技術も若干必要になります。しかし嘘はいけません。それが露呈したときの惨めさには、キツイものがありますから……。

毎年平均25％の伸長率を、10年間継続した企業を、私は知っています。その社長さんとの話の中で、最初の3年間は全く無意識、5年を過ぎたころから目標達成の楽しみがわかってきた。7年経過したころより10年連続達成を意識するようになり、売上目標の水準も相当高くなってきているので本当に苦しかった。ただすべての社員が帰った後の社内で、1人アレコレと構想を練る時間は楽しかった。そして人間1匹、本当にやろうと思えばできないことはないんだということを学ばせてもらいました、と語ってくれました。

さらにもう1点、この10年間、資金繰りのことは一度も考えず、預金残高は毎期増え続けるのですべて経理任せだったという、なんとも羨ましいお話でした。

顧客は成長している企業、もしくは成長が期待できる企業についてくる、という習性があります。御社を成長させましょう。攻撃は最大の防御です。

10 情報収集を通じ、クライアント別の販売戦略を組み立てる

すべてのクライアントが、同方向を向いているとは限りません。とにかく価格一辺倒、余計な経費をかけずに、他店より1円でも安くお客様にお届けするのがわが社の使命、と位置づけている会社、また別のクライアントは、多少経費はかけてもよい、販売価格が多少高くなっても仕方ない、お客様が心の底から喜んでくれるような商品をお届けしたいと考える会社。客の中にも価格志向の人々、品質重視の人々がいるわけですから、両社ともその戦略は正解です。

しかし問題は、市場とのマッチングです。富裕層が多く住んでいる地域での、なりふり構

わぬ超低価格戦略は、成功が難しいでしょう。すべての人々が、安い商品やサービスを求めています。しかしその他の項目を犠牲にしての低価格であれば、地域の住民からの反発が生まれてきます。お店づくりにお金をかけません。従業員も低賃金で雇いますので、それなりの人々です。店内の装飾等も品のない安物で済ませています。このようにしないと、低価格店を作ることはできません。この戦略が地域住民の求めているものに合致するかどうかです。この反対に、貧困層が多く住むエリアに、商品やサービス、従業員の質等は問題ないけれども、値段が高過ぎるという店が受け入れられるでしょうか。

市場と客層とのマッチングは、重要な問題です。御社のクライアントが志向しているものは何なのか、この辺りを敏感に鋭くキャッチし、適切なアドバイスを提供することが、必要不可欠になります。このテーマを解決していく発端は、営業マンです。彼らは日常の業務を通じ、クライアントや地域の情報を的確に把握し、つかんだ情報を上司に報告するとともに、上司はクライアント別の販売戦略を構築することになります。

ところが、ここに問題点があります。

会社や上司は、現場の営業マンに、強力に売り込みの指示は与えますが、情報収集業務の必要性を教えていないケースが多いことです。さらにまた、ある程度の情報はつかんでいるものの、それらを上司に報告しない習慣です。

第3章でも述べましたが、**報告する習慣をもつ社員**を育てなければなりません。報告する社員は、本人の資質もありますが、上司が育てるものです。初期段階で徹底的に報告する習慣をつけないと育ちません。

クライアントの情報をできる限り集めるようにしましょう。どんな些細なことでも上司に報告するよう営業マンに求めましょう。

「出店とか拡張・撤退情報、同業他社の食い込み情報、人事に関する情報、販促情報、幹部社員の趣味情報、何でも結構ですから、アンテナをピンと張りなさい。そしてつかんだ情報はたとえガセネタでもよいから、私に報告しなさい」

このような強力な指示を、上司の方は営業マンに出してください。そしてそれらの情報をもとに、部下と一緒に議論することです。コミュニケーション醸成にもなりますし、部下の教育にもなり、一石二鳥です。**情報に鈍感な企業は生き残れません。**

第5章

今すぐ、これをやりましょう、効果抜群

1 全社員がTELオペレーター並みの「電話応対力」をもつ

「言うは易し、行うは難し」がこの項のテーマです。すべての社員がTELオペレーター並みの「電話応対力をもつ」ことなんか、とても不可能だと思うでしょう。電話を受ける一部の人々が、TELオペレーターを超える技術をもつことは可能でしょうが、すべての社員となるとこれは大変です。しかしこのテーマは、実際には客からの電話を受けることのない社員までもが、強力な「電話応対力」をもつことを求めています。

将来、大口得意先になるかもしれないA社から、問い合わせの電話をいただきました。たまたまそのとき、電話を受ける専任担当者が席を外していたので、近くにいた現場の社員が受話器を取り、客との応対を始めました。しかし常時外部の人と電話で話す機会の少ない社員ですから、せっかくの問い合わせ電話にもかかわらず、TELマナーも心得ない電話応対をしてしまいました。A社の担当者は、あまりにも要領を得ない電話応対に腹を立て、電話を切ってしまいました。それっきりでした。問い合わせをしてきたＡ社とは業界でも有名な会社で、もしＡ社と取引が始められたら、当社にとり大いにプラスになることは誰にでもわかります。この話は実際にあった例です。

どこの会社でも、専任のＴＥＬオペレーターの技術は抜群です。しかし全社員がプロ並みの「電話応対力」を身につけなさい、と教える会社の意図はどこにあるのでしょうか。それは一言でいうならば、**「お客様に不愉快な思いをさせてはいけません。真心ある応対をしなさいよ」**という経営者の思いからです。**すべてのお客様を大切にしなさい。そこには大きな宝が眠っているかもしれません。**

実際にお客様と接することの少ない社員には、この辺りが正しく理解されていません。ここを社員教育のなかで徹底的に叩き込んでいる会社の社員の電話応対は実に見事です。問い合わせをしてくれた社員もそのレベルの高さに驚き、ここまでの教育研修をしている会社であるならば、その他項目の水準も高いだろうな、と勝手に推測してくれることになり、取引はスムーズに運びます。

私の2つの体験をお話ししましょう。

1つは、某社から経営コンサルタントの依頼を受けたときのこと。そこで私は訪問アポをとるため、電話をかけたのです。ところが応対に出てくれた女性の対応がとてもダメでしたので、社長とお会いした際、私は正直にその旨お話ししました。そうしたら打ち合わせをした翌日、解約のFAXが届きました。これは私の一種の職業病だと思います。

もう1つは、これとは反対の事例です。ある営業の電話が入ってきました。よくある内容の話ですから、私も鼻先でフンフンと軽い返事をしていました。ところが相手のオペレーターが非常に上手なんです。声質、話すスピード、間の取り方、話の構成、どれをとってもピカ一でした。その結果、気がついたときには、先方営業マンの来訪をOKしていました。

たった1本の電話でも、天国と地獄のように分かれてしまいます。誰が、どこの会社が新しい得意先になってくれるかわかりません。**すべての社員が、かかってきた1本の電話に感謝し、真心ある応対をするよう、繰り返し社員研修の場でリピートしてみましょう。**かかってきた電話に対する意識が変わってきます。

2
来社客を唸らせる接客術

1年ほど前、栃木県の那須に仕事で行った際、素敵なカフェを発見しました。3日間の滞在でしたが、1日1回はそのカフェでコーヒーを飲んでいました。その店はまだ新しく、内装も都会的でかつ上品、そこで働くスタッフの方々も素晴らしい人たちでした。当然、接客術も抜群です。肝心のコーヒーの味は忘れてしまいましたが……。

最近また那須に行く機会があったので、胸躍らせてそのカフェを訪ねてみました。そして私の夢は、無残にも打ち砕かれてしまったのです。店内のレイアウトも大きく変わってしまい、そこで働くスタッフたちも、接客経験の少ない感じの人でした。あれほど完璧であった接客術も影をひそめ、那須のどこにでもあるカフェと同じレベルになっていました。もしかしたら、経営者が変わってしまったのかもしれません。

上手な接客術は、価値ある財産です。会う人、来る人の心を和め、相手の気分をほぐしてくれます。商談もスムースに進みます。

個人レベルでも、会社レベルでも、接客術に磨きをかけましょう。計り知れない効果を発揮してくれます。具体的にはそれほど難しくありませんので、是非実行していただきたいと思います。

まず、来社客に対する接客の役割や重要性を、会社の会議やさまざまなミーティングの場でよく説明します。観念的な話だけでなく、具体的な事例（失敗または成功を含め）や体験談を交えながら話すと、社員の方も耳をそばだてて聞いてくれます。

次にやるべきことは、社員の皆さんに**「会釈」をする習慣**をつけてほしいのです。声の聞こえないような遠い場所で、目と目が合ったら軽い会釈で応えるようにします。この行為は来社客に良い印象を与えます。通常このような場合には、顔をそらせてしまうケースが多いのですが、決して逃げません。軽い会釈で受け止めます。このとき笑顔がセットされていれば最高です。必要があればその来社客に近づいて行けばよいでしょう。

もう1点、会釈をする機会があります。それは、見かけたことのない人と廊下ですれ違うとき、すれ違いざまに軽い会釈をすることです。来社客は驚きます。すれ違うすべての社員が会釈をしながら通り過ぎてゆく。この会社は、社員にどのような教育をしているのだろう、と思わぬ人はいません。私もこのような体験をしたことがありますが、今でも鮮やかに記憶に残っています。

次に担当者と会うことになります。当然彼も社内で研修を受けているはずですから、通常の接客術については文句ないでしょう。

ただ私が1つだけ申し上げたいことは、**「客と最初に接触する瞬間は笑顔を忘れずに」**です。この笑顔、簡単なことのようですがなかなか難しいものがあります。顔は笑っていても目が冷たい場合、すぐ見抜かれてしまいます。接客技術の本を読むと、笑顔づくりをマスターするためには、鏡の前で練習しましょう、とよく書いてありますが、実際にやってごらんなさい、とてもできる芸当ではありません。

そうでなく実戦では、その客に感謝する心をもつよう心掛けます。**会社に来てくれてありがとう。これから得意先になってください、ありがとう。私の売上も伸びるかもしれません、ありがとう。**目が自然に微笑んできます。

3 社員に自分の考えや構想を、くどいほど聞かせよう

社員は、社長や上司の言うことを真剣に聞いていません。このことを理解するのに10年かかります。聞いたふりはしていますが、すぐ右の耳から左の耳へ抜けていきます。ですから、「この話は先日話したじゃないか」と言っても、部下には通じません。

かといって、頭の中に全然入っていないのかというとそうではなく、薄い膜のようにホンの少しずつ記憶として蓄積されていきます。「うちの社長は、いつも同じことばっかり言ってウザイなあ」と言いながら、頭の中に少しずつ残っているのです。

大体同じ話を10回くらいしないと、すべての社員の頭の中に残りません。いわば社長が、自分の考えや構想を社員に語るということは、まるで根くらべです。そして数多く語り聞かせた社長が勝利を握ることになります。

不思議なことに、初めのうちはうるさい社長だと批判していた社員たちも、何回も何回も同じ話を聞かされているうちに、もしかしたら、ウチの社長の話していることは正しいのか

もしれない、と思うようになります。

社員たちも大人なんだから、同じことを何回も言わなくてもわかってくれるだろう、などと思っている社長は甘ちゃんです。これでは社員たちも成長しませんし、会社も発展できません。

「会社の状況は、皆さんもご承知のように、今非常に苦しい、しかし全員の努力でこの難局を乗り切り、将来はこの地域で№１の会社に仕上げていくつもりなので、しばらくの間もう少し頑張ってほしい」と社長が前向きな、気力に満ちたスピーチをしなければいけません。

しかしこれらの社長のスピーチが逆効果になる場合もあるので要注意です。

日夜を問わず猛烈に働いている社長が喋る言葉には重みがあります。すべての社員が社長の話に耳を傾け、その言葉に従ってくれるでしょう。その反対に、社長は語りはうまいけれども、全力で仕事に取り組んでいないと社員から思われたとき、社長の言葉は浮いてしまいます。

理由もないのによく休む、出勤は遅いし、退社も早い、相談ごとがあっても真面目に取り組んでくれない等の不満があると、社員の皆さんは社長の話を真剣に聞いてくれません。そして会社の業績も低迷していきます。

「思いは叶う」という有名な言葉があります。私はこの言葉は真実だと思います。「そうなったらいいな」という軽いものではなく、「何がなんでも必ずやってみせる」という強い決意でないとダメです。人間の強い決意は、脳に伝達します。そして四六時中、成功するための方策を頭の中で模索し始めます。このころから顔が変わってきます。と同時に肉体もスタンバイします。そうなると、今まで何げなく見てきた現象の中から、成功するための秘訣がゴロゴロ見えてきます。今まで病気がちであった身体が元気になってきます。こうなったらシメたものです。自己暗示力によって物事がグングンと良い方向に向かっていきます。

まず自分の思いを、願いをしっかり固めましょう。何があっても不退転です。そしてその考えを、社員の皆さんに何度となく（くどいほど）伝えましょう。社員は一生懸命頑張っている社長の言葉を信じて全力で働いてくれます。社長は自分の喋った言葉に縛られて今まで以上に頑張るようになります。これで業績が向上しないはずがありません。

4 ダメ社員には、サッサと辞めてもらいましょう

水槽の水は、循環を止めると濁ってしまいます。人材も全く同じで、経営上維持すべき社員数が定まっていても、ある程度の循環が必要です。

これが行われないと、人材の質を維持することができません。どの程度の比率で洗い替えするのが適当なのかは明言できませんが、私の過去の体験によると、約３～５％くらいではないかと思います。しかし決してこの数字にこだわらないでください。平均した場合の数値ですから、ある年は１％、ある年は10％もあるということです。

それより気にしていただきたいことは、**すべての人間が会社勤めに適しているのではない、という現実**です。芸術家、事業家、商売人、冒険家、公務員等、その人に適する職業がいろいろとあります。にもかかわらず何かの因縁で会社勤めをしてしまったという人がいます。これらの人々は、時間や規則に縛られる生活を嫌いますから、いずれ会社を辞めていきます。

たくさんの社員の中には、このような人がいますので、彼らは退職し、その補充をする意味で新人の採用をして、人材の循環を行っていきます。

もっと積極的な人材浄化作戦では、まず優秀な人材がいたら採用します。それから退職してもらう社員を決め、そのとおり実行していくというものです。社員定数は同じです。この方法ですと、人材コストは若干高くなりますが、人材の質は間違いなく向上していきます。

しかし社員の中には、いくら会社が指導してもダメな人がいます。箸にも棒にもかからない、という人たちです。彼らは会社を批判し、自分たちの仲間を増やそうと真面目に働く社員たちを誘い込みます。そして会社の方針に盾をつくようになります。ごく少数ですが、このような人たちは存在しますので、会社は毅然とした態度を示さなければなりません。

明らかにダメな社員には辞めてもらいましょう。いくら指導しても治りません。次に、辞めてもらう場合の留意点を述べてみますので参考にしてください。解雇でなく、退職届を受領することです。

いろいろと話し合った結果の自主退職の形をとるのがベストです。解雇理由がキッチリ決まっている場合なら問題ありませんが、会社側が主張する解雇理由と裁判所が認める解雇理由に、大きな隔たりがあります。解雇した社員から不当解雇で訴えられた場合、多くのケースで会社側が敗けてしまいます。いわゆる「不当解雇」に該当し、会社が行った解雇は無効になります。提訴された場合、こちらも弁護士をたてますから費用もかかりますし、それよりも、この問題は社内に知れ渡りますから、社内の雰囲気が悪くなります。

そんなこんなで、事実上は解雇であっても、できる限り自主退職の形をとりたいものです。その方が混乱を避けることができます。この場合守ってほしいことは、**退職届の本人名は実際のサインを貰ってください**。もし本人名もワープロ打ちの場合は、押印は実印を使用してください。これはなぜかといいますと、押印が三文判の場合、法廷で本人が「これは私の書いたものではありません」と嘘をつく場合があるからです。私も法廷でこの手を使われました。しかし押印した印鑑が実印であったため、自分が書いた退職届であると認められましたが。

いくら会社が善意に解釈し、長い時間をかけて指導してきても、一向に改悛しない社員がごく一部ですが存在します。残念ですが、この手の社員は諦めて辞めてもらいましょう。彼らの天地は、別の場所にあるのです。そしてできる限り退職届を書いてもらい、自主退職の形にするのがベストです。社員の権利は、予想以上に厚い法律の壁に守られています。

5 TELコール部隊を設置し、積極的営業活動の開始

「売上を伸ばす」これは大変なことです。「この商品は、地球上でわが社のみの独占販売です」なんていえる商品なら苦労しませんが、現実は違います。同業他社がひしめき、競い合っています。そして、毎年ある一定数の企業は脱落していきます。

そんななか、埼玉県の某中小企業ですが、TELコール部隊を編成して立派な売上実績を残している会社があります。販売商品は、サービス系商品ですが、総社員40名のところ、なんと半分の20名はTELコール部隊です。この部隊の仕事は、朝から晩まで営業電話をかけ

ることです。もちろん中途では、休憩や情報交換等のミーティングはありますが、１日の大半は電話をかけ、営業マン訪問のアポをとることが仕事です。スタッフの前職を見せてもらいましたが、ＴＥＬオペレーターが最も多く、なかには派遣社員もいました。もちろん全員が女性です。

彼女たちが訪問アポをとると、専門の営業部員たちが訪問して商談を進めます。営業部員も優秀なベテラン社員が多く、よく鍛えられているという感じです。

当社の好業績は、ＴＥＬコール部隊と優秀な営業部隊との合作で支えられていますが、社員の半数近くがコール部隊という会社は、私もあまり知りませんでした。社内ではこの２部隊のミーティングは数多く開催されており、営業マンからの現場訪問情報等を参考にして、随時ＴＥＬ応酬話法例は改善されていきます。

通常、新規売上を伸ばす方法として、ＤＭ作戦・ＦＡＸ広告・雑誌や新聞等への広告・ポスティング・営業マンの飛び込み訪問、企業規模にもよりますが、テレビ広告・キャンペーンによる紹介活動、その他たくさんの方法があります。もちろん電話による紹介活動も以前より多く行われていますが、社員の半数近くの人材を充てて実施している会社は、そう多くありません。営業部隊の一部として、2~3名で行っているケースが多いようです。

このTELコール部隊の設置メリットは、速効性があるということです。自分たちでは商品は売りませんから、訪問アポをとるだけですので、すぐ営業マンがかけつけることができます。**この営業マンが優秀ですと、商談が意外と早く進み、営業コストがあまりかかりません。**速効性があり、コストが安いという点は、企業にとり大きな魅力です。ただこのTELコールは、業種により、成功確率の高低がありますので、お含みおきください。

売上が苦戦している会社では、是非ともこのTELコール部隊を始められたらいかがでしょうか。部隊などと大袈裟に考える必要はありません。2~3名で結構です。この仕事は、お客様から拒否されるケースが多いので、TEL担当者の精神的負担は大です。このため60分のうち45分はコール業務、15分間はミーティングにするとかの時間配分の工夫が必要です。さらにもう1点、1名だけでは落ち込むケースが多くなりますので、少なくとも2~3名でスタートしてください。

さらにＴＥＬ担当者は、それなりの専門的研修を受けることをお勧めします。外部講師を会社に招いての研修でもよし、セミナー参加でも構いません。やはり、ＴＥＬコール業務についての実技の習得は必要です。３か月が経過するころには、それなりの効果が出てくるでしょう。

6 有給休暇の消化を促進し、職場士気を高めよう

社員にハッパをかけるだけでは、社員はついてきません。仕事に関しては厳しく、その他の厚生面では優遇する姿勢を、会社は示す必要があります。そうすることにより、社員の職場士気は高揚し、難しい注文を出してもためらわずに挑んでくれます。「**会社は我々に対する注文もキツイけど、社員のこともよく考えてくれている**」という社員からの評価を得ることが重要です。

そのための方法の1つとして、**有給休暇の積極的付与**の問題があります。これを実施しても、費用はかかりません。休日が増えるので業務効率は落ちるように感じますが、社員の皆さんが意気に感じますので、実際には効率が落ちません。逆に上がる場合があります。

大企業は労働基準監督署の厳しい指導がありますから、有給休暇の付与は積極的に行っています。ところが中小企業では、有給休暇を取らない社員は貢献度の高い社員なり、という旧態依然とした評価風習があり、社員の皆さんが有給休暇の申請をしにくい雰囲気が若干あります。

この慣行は、是非とも打破したいものです。私がここで申し上げている有給休暇の積極的付与とは、個人の事情によるバラバラの付与ではなく、ある程度まとまった休暇の付与です。たとえば、夏休みシーズンには3～7日間の有給休暇を特別休暇（あればの話です）の上にとりなさいとか、正月の特別休暇は4日間だけれども、3日間の有給休暇をプラスして7日間にしましょう。結婚10周年の方には5日間の有給休暇をとっていいですよ、というように、ある程度まとめた有給休暇を与えるということです。土・日を含めると、ある程度のまとまった休みになるので、社員も**休暇の有効活用**を考えるようになり、単に休養するだけの休みではなく、**自己体験を増やす休み**となります。社員の人間的成長は、会社の宝でもあります。

有給休暇の付与日数も、6か月勤務すれば1年間に10日あります。以前は1年勤務して、その後の1年間で10日でしたので、有給休暇の付与日数は増えたということです。6か月の勤務で年間10日間の有給休暇付与については、議論の分かれるところでありますが、現行法ではいかんともしがたい問題です。永年勤続者には、最高で1年間で20日、2年間で40日ありますので、この有給休暇を活用すれば、何かまとまったことができると思います。社員も会社の姿勢を高く評価してくれます。

就業規則の中には、どこの会社でも特別休暇の定めがあります。たとえば、本人が結婚する場合は5日間の休暇を与える、というような規定です。有給休暇は、その上にある休暇制度です。ところが有給休暇の上にも、特別休暇のある会社が存在すると思いますか？

実はこれが存在するんです。**会社に特別に貢献した場合に特別休暇を与える**というものですが、その内容とか付与日数は、あらかじめ決まっていません。その都度役員会を開いて決めるというもので、会社の数としてはそれほど多くありません。

社員は会社のまとまった有給休暇を積極的に付与しようとする施策を大歓迎してくれます。そしてこれに応える意味でも、仕事は頑張らなければと感じるようになります。本書の中でも、3年間に一度くらいは、社員を海外旅行に連れていきましょうと提案していますが、この場合でも有給休暇をまとめて使うことになります。

仕事の面では、情け容赦なく社員に働いてもらいましょう。しかし彼らの権利も認めてあげましょう。剛柔の両面作戦です。

7 やっぱり社長は1時間前出社です

好業績の会社ならともかく、業績不振の会社、もしくはこれから大いに業績を伸ばそうとする会社の社長には、是非とも始業1時間前に出社してほしいものです。

第2章で、1時間前に出社できない人は社長になってはいけません、と述べましたが、会社というのは、トップの姿勢でどのようにでもすぐ変わります。ヤル気のある社長の下では、社員がピリッとしますし、その反対の社長の下では、社員がすぐダラダラしてきます。本当にこの変化には恐ろしいものがあります。

良きリーダーになるためには、言行の一致が不可欠です。口では格好の良いことをよく喋るけれども、それに行動が伴っていないと思われたら、人々はついてきません。リーダー失格です。このタイプの経営者は掃いて捨てるほどいます。概して会社の業績は芳しくありません。**1時間前出社というテーマは、口より先に自らの行動で人々をリードする考え方です。**いわゆる背中でリードする手法です。実際にやってみればわかりますが、この方法は予想以上の効果があります。人々は強いリーダーに憧れます。ついて行こうとします。1時間前の出社は初めのうちはキツく感じますが、1か月もすると身体が慣れてきますから、苦痛どころか早寝早起きの習慣がつき快適になります。

いわば、**社長の1時間前出社は、自分自身との対決**です。それを社員に見てもらい意気込みを感じてもらえたら十分です。

1時間前に出社して、具体的に何をするのかという問題ですが、結論的に申し上げるならば、何もしなくてよいのです。デスクに座って新聞や雑誌の経済・経営欄を見るのもよし、瞑想にふけるのもよし、窓際で外を眺めるもよし、社内をブラブラ歩くことでもOKです。また社員を呼びつけて報告を受けるのもよし、会社の将来構想を考えるのも、もちろんありです。

実際に**1時間前出社を実施してみると、不思議なことに会社の現状がよく見えてきます。**今は何が問題点なのか、その解決策は？　とか、社長として自分が取り組むべきテーマは何だろうとか、会社が発展するための活路とは何か、等の問題点が驚くほど見えてきます。業務を通じて朝から晩まで忙しく動いているから、物事をジックリ考える暇がない、そのように忙しい社長にとってのしばしの思索の時間が、1時間前出社です。

会社の業績が良くないということは、そこに何らかの原因が必ずあります。その原因は3年以内に作られたものなのか、10年以上前のものなのかは不明ですが、いずれにしても、それと同じ年数をかけ、最大の努力を傾注すれば、必ず業績は回復できます。しかし私を含む多くの人間は、苦しいことから逃げようとします。できることならば楽な道を歩きたいと考えます。ここが人間の人間らしいところだと思います。この怠慢の道を自ら塞いだ者が勝利者となります。

8 社員を積極的に表彰しよう

「信賞必罰」の項でも述べていますが、日本人は褒めることが実に下手な民族です。根底に「照れくささ」が残っているんでしょうね。しかし良いことをした場合には、それを認めてあげる、褒めてあげることが必要です。この心理は、大人でも子供でも、社員でも家族でも同じです。褒めることがいかに大切かを知るためには、子供を褒めてみればすぐわかります。あなたを見る目つきが変わってきます。

今までは子供から、クソ親父と思われていたあなたの評価が急上昇します。

褒める技術として「**軽く褒める**」をマスターしてほしいものです。まあ問題にもよりますが、小さな事を大袈裟に褒められると照れますから、軽く褒めてあげると、心の中にストンと落ちますので気分は良いはずです。それも周囲に人がいる場合の軽褒めは予想以上の効果があります。
大きな功績を残してくれた場合には、別室に呼んでジックリ褒め称えることは当然です。

褒めることの延長線上に、社員を表彰するという制度もあります。就業規則の中には表彰規程もありますが、そのとおり実施している企業は少ないようです。誰もが認めるような功績を残した社員は、大々的に表彰しますが、**小さな功績であってもそれを社員に発表し、ささやかな金品を授与する形での表彰**を私は提案したいのです。
授与するものは品物でなく、ズバリ金銭が良いと思います。金額はあまり高くしないことです。1万円以上であればいくらでもよいです。授与された社員も、品物ではあまり喜びませんが、金一封では喜んでくれます。

初めのうちは、表彰される側もする側も照れるものですが、2~3回続けているうちにこの照れは消えていきます。表彰された社員は、自分の行為が認められたことを素直に喜んでくれます。また金一封というのも、喜んでくれる大きな原因です。しかし、若干留意すべき点がありますので、気に留めておいてください。

その1つは前にも述べましたが、**公平感を維持すること**です。同じようなことをしても、片方は表彰されて片方は何もなしでは、不満が芽生えてしまいます。**表彰する場合の基準を設けたり、表彰者リストを作成したりして、この不公平感を発生させない配慮が必要**です。

もう1つは、表彰も大事ですが、叱責することや注意することはさらに大事になりますので、褒めや表彰以上にしっかりおやりください。

いつも褒めてばかりいる人に褒められても、あまり嬉しくありません。いつもガンガン叱られてる人に褒められるから嬉しいのです。料理の隠し味によく似ています。褒め言葉も、このような軽い表彰も、まったく同じです。**日常の殺伐とした空気の中に、一時の涼風を流し込む行為が褒め言葉であり、表彰です。**会社側も照れずに、思い切ってやってみましょう。

9 社長は会社のトップセールスマン

「ジャパネットたかた」という会社があります。テレビであまりにも有名ですから、解説不要ですが、あの会社は創業何年くらいでしょうか。恐らく20年以上は経過していると思いますが、いまだに社長自身がテレビ画面で商品のコマーシャルを担当しています。

一時、男女2名の社員が商品説明をしていたので、これからは社長は引っ込んで社員にやらせるのかなと思いましたが、すぐ社長がまたテレビ画面の中でコマーシャルをやり始めました。出戻りです。

高田社長の甲高《かんだか》い声は、正直いいまして耳障りです。多少の嫌悪感はありましたが、社員がコマーシャルをやり始めてから、あの甲高いキーキー音が懐かしくなってきました。これは私だけではないと思います。2名の社員も非常に上手です。聞きやすさでは明らかに社長以上です。しかし何といっても社長のような**臨場感**が伝わってきません。画面を観ていて社長の場合、この商品を売らなければいけないんだという気迫が伝わってきます。もし商品が売れなければ、業績は悪化する。そうなれば社員の減少も考えなければならないし、仕入れる商品も減少する。場合によっては社員の減給もあり得る。このような状態を防ぐためには、テレビ画面を通じて商品を売っていくしかない。そのためには社長も社員もない。テレビの視聴者に対する**訴求力の強い人間**が担当すべきである、という考え方が根底に強くあるのだと思います。

私も職業柄、数多くの社長さんにお会いしてきました。そして強く感じることは、どこの会社でも社長がトップセールスマンだろうなということです。

年齢も社員より上でしょうから人生経験も長い、またビジネス経験も社員より長い、そして最も重要な点は、社長は大株主でしょうから、万一会社が倒産した場合、自分が最も痛手を負うということをよくわかっているのです。

ですから会社の経営に真剣であり、人と会っても、気をそらさない接渉術を心得ているのです。立場上、会社全体を把握する立場にいますので営業に特化できませんが、もし社長が営業マンをやったら、トップ営業マンになること間違いありません。

会社がピンチに陥ったとき、ほとんどのケースで社長が営業の第一線に立ち、鋭い感性で営業部隊をリードしていきます。

これができるような社長でないと、社長の資格がありません。たとえ技術畑出身の社長であっても、非常事態になれば営業の最前線で陣頭指揮です。

松下電器（現・パナソニック）が、以前経営危機に陥ったことがありました。このとき社長の松下幸之助氏が営業本部長を兼務し、見事に会社を建て直した話はあまりにも有名です。

私の知る限り、どの会社の社長さんも営業畑の第一人者です。たとえ技術系出身であれ、経理系出身であれ関係ありません。**会社がピンチのとき、営業畑の最前線で旗振りのできない人は社長失格です。**

10 ドンブリ勘定は会社を潰す、絶対禁止

「ドンブリ勘定」という言葉はご存じですね。会社のお金と個人のお金を同じ財布から出し入れするという状態をいいます。本来であれば、会社のお金と個人のお金は別々にしっかり管理されなければいけませんが、資金不足の状態が長く続くと、ついこのドンブリ勘定になりがちです。

本来は社長個人が支払うべきものを、会社の金庫から支払ってしまい、正しい会計処理を行っていない場合等をいいます。またその反対に本来は会社が支払うべきものを、資金残が不足のため個人の財布から支払ってしまい、正しい処理をしていない等も含みます。

事業を行っている訳ですから、時には資金不足のときもあるでしょう。このような場合、本来会社が支払うべきものを個人が立て替えて支払うこともあります。

私はこれをやってはいけませんよ、と言っている訳ではありません。キチンとした会計処

理をしておけば何ら問題はありません。このケースの場合ですと、社長借入金として個人のお金を受け入れ、会社が支払ったように処理すれば、何ら問題はありません。この反対の場合も同様です。会社と個人との貸借をしっかり記録しておけば何の問題もないのに、この辺がしっかり記録管理できないというところに、問題の根源があります。

個人で事業をやっておられた方が、法人成りした場合にこのようなケースになりがちです。本来であれば個人商店の場合でも、商売用の現金と私生活上の現金とは、厳密に区分保管されなければいけないのですが、これがゴッチャになってしまうのです。

ましてや会社組織に切り替えたのですから、資金管理は、会社は会社、個人は個人で別々にしっかり管理されるべきなんですが、会社のものはオレのもの的感覚が強すぎるのではないでしょうか。

このような**ドンブリ勘定を長く続けていると、企業倒産の温床になりかねません**ので、注意が必要です。

なぜこのようなドンブリ勘定の状態が発生するかといいますと、まず最初に挙げなければいけないのは、社長の意識の低さです。会社の資金とはいっても株主は自分１人、ということはこの会社はオレのもの、という感覚です。事実そのとおりでしょう。

しかし**会社も１人の人格者**なんです。その辺を認めてあげて、**１人でも十分歩けるように、走れるように育て上げなければなりません。**株主としての恩恵は、利益が計上されて初めて受けることができます。

それともう１点、**会社は公器**です。自分も含め、社員やら取引先やら大勢の人々が絡んでいます。その人たちに迷惑をかけない意味でも、会社と個人のドンブリ勘定はやってはいけません。この状態を続けていますと、ハンターとしての経営者の感覚が鈍ってきます。

会社は大赤字だけれども、個人資産が十分あったのでその赤字を補塡していたところ、いつの間にやら両方ともスッテンテンになってしまったという例はザラにあります。ドンブリ勘定が即倒産を意味する訳ではありませんが、経理がルーズなため、いずれ倒産するリスクは高いですよと申し上げておきます。

11 消費税は売上でなく預り金、別口座保管を

会社経営で最も苦労するのは、資金繰りです。順調なときは何ら問題はありませんが、業績が悪化してくると、諸経費の支払い・借入金の返済・商品代金の支払い等で資金繰りが苦しくなります。資金繰りが思うようにいかない場合の心痛は、体験した人でないとわかりません。

ですから私は、**新たに事業を始める場合、借金に頼ることなく自己資金を全額貯めてからスタートしなさい**、と申し上げております。少々堅苦しい考え方ですが、これくらいの考え方でちょうど良いのではないかと思っています。

これだけではありません。期中も特別に大きな投資以外は、**無借金経営**を貫きなさいと提唱しています。これだけの売上を上げないと、資金ショートする、どのようにして売上を上げるのか必死に考えます。経費節減も考えないと、乗り切ることができません。経営者をグングン追い込みます。逃げ場のない道に追い込まれて初めて、自己の能力開発ができるから

です。余裕のある内は、真の能力開発なんてできるものではありません。

消費税の支払いで、資金繰り面で苦労することがあるので注意が必要です。

当期の売上は2億円でしたが、決算を組んでみたら赤字となりました。赤字は困りますが、住民税の均等割以外に支払う税金がありませんので、多少はホッとしていました。ところが税理士さんから、消費税の支払いが300万円あります、と聞かされビックリしました。当社では、消費税の入金も売掛代金の入金と同じように受け止め、日々の資金繰りの中に組み入れていたのです。当然諸払いの財源の中に含めていたのです。

しかし消費税をよく考えてみてください。これは収入ではなく**預り金**なんです。決算期が到来すれば、税務署に納めるべき性質のものです。預り消費税から支払い消費税（日々会社が支払っている経費の中に含まれる）を控除した金額を税務署に納付することになります。社員に支払う給与には消費税がかかりませんから、会社の決算が赤字になった場合でも、消費税を納付するケースが出てきます。

そこで私は提案します。消費税は元々収入ではなく、預り金です。であるならば、その資金はいつかは支払うべきものですから、**売掛金入金があった際、その中に含まれる消費税相当分は、消費税口座に入金するのです。**消費税口座が特別ある訳ではありませんから、取引銀行に普通預金口座を開設するということです。そこに、得意先から振り込まれた売掛代金の内、消費税相当分を移し替えるということです。そして毎期の消費税は、この口座から支払うことにします。それでも毎期消費税口座の預金残高は増え続けます。その理由は、日常業務の中で支払う経費の中に消費税が含まれているので、その金額を預り消費税から控除した金額を納付するからです。

この処理を事前にしておきますと、消費税の支払いに戸惑いません。そして**その口座の残高は、毎期増え続けますので、何かあった場合の資金源として使うこともできます。**実際に多くの会社でこの方法をやってもらっていますが、決算期に消費税の資金調達を考える必要がないので、極めて好評です。

12 新商品（新サービス）開発チームを結成しよう

第４章で、「顧客管理と新商品開発の２本柱が企業の命運を握る」と述ましたが、全くそのとおりです。メーカーでは立派な新商品開発チームがありますから問題ありませんが、メーカー以外の仕入れて販売するだけの業種の場合には、どのように対応すべきでしょうか。商品本体に手を加えることができませんから、販売サービスの部門で、同業他社がまだ打ち出していないようなサービスを打ち出すことになります。

先日、都内の盛り場で、お客様が行列を作って並んでいる店を発見しました。興味本位で何屋さんかなと覗いてみたら、夏の風物詩「カキ氷店」でした。並んでいる人たちに話を聞いてみたところ、野菜系のいろいろなカキ氷を売っているとのことでした。

その人は「にんじんカキ氷」を買うと言っていましたが、味は抜群に良く、氷も口に入ると融けてしまうように柔らかいものだと話してくれました。

お値段も700円くらいと言ってましたから、決して安くありません。むしろ高い方です。それでも買う人が並んでいたのです。

普通「カキ氷」というのは、イチゴ・メロン・あずき等の、どちらかといえばフルーツ系のものが多いのですが、**野菜系のカキ氷**の話を聞いたのは、私は初めてでした。と同時に、なんでカキ氷が野菜味なんだろう、と頭を抱えて込んでしまいました。

野菜味では美味しそうなイメージが湧いてきません。どこのカキ氷店も野菜味のものは出していない、それではウチが出してみよう、しかも味はフルーツ味を超えるようなものにして、多少値段は上がっても仕方ない。このような計算をそのカキ氷店はしたんでしょうね。健康志向商品なのでもしかしたら売れるかもしれないという読みがあったのでしょう。

野菜味のカキ氷が、今後売れ続けるのかどうかは私にもわかりませんが、私が着目したのは、その発想なんです。誰がどのような状況下で思いついたものなのか？　ここが最も気になるところです。豊かな発想を生み出しやすくするための環境とは、いかなるものでしょうか。

「**切羽詰まれば智恵が出る**」といわれるように、極端に追い込まれたとき、パッと閃くという話はよく耳にします。また誰かと話し合っているとき、突然アイデアが出るとも聞いています。さらにまた、ルーチンワークで追い回されている連中には、ロクなアイデアが出ないともよく耳にします。

「新商品開発チームを結成しよう」とタイトルに書きましたが、メーカー以外の話ですから、そんなに大袈裟な話ではありません。通常の営業活動をしている人たちとは別に、たった2名だけの新サービス開発チームを結成してみたらいかがでしょうかというご提案です。**営業活動は一切やらせません。デスクに座る時間も短くして、特に見聞を広げる活動が中心**となります。世界の情報もたくさん集めます。1人では途中挫折する可能性が大ですから、2名以上とします。そして**同業他社がまだ実施していないようなサービス業務を開発し展開**していきます。他社にいないような優秀な人材の確保、他社がやっていないような積極的なサービス活動で差がつきます。

13 社員のレベルアップのため、OFF・J・Tは欠かせない

私は職業柄多くの会社を訪れます。そしてその会社に入った途端、この会社は「社員研修」に力を入れているなとか、まったくやっていないなとか、すぐ見分けがつきます。それはなぜかといいますと、初めての人が会社を訪れたときの社員の対応です。社員研修を一通り受けている社員の対応は、初めての人が尋ねて行っても、感じ良くテキパキと処理しているのがわかります。その反対に受けていない社員の対応は、何かしらドギマギした感じが見受けられます。

「人間は忘れる動物である」――これは昔、旺文社の英単語帳の中に入っている栞に書いてあった言葉です。社長の赤尾好夫氏の言葉だそうですが、見事に言い当てていて、英単語をなかなか覚えられない私にとり、救いの言葉でした。私も著書の中で繰り返し、**人間はすぐ忘れるから同じことを10回繰り返すつもりで言いなさい、**と述べてきました。

一般的な社員研修のレジュメを見ると、冒頭部分に「会社の目的とは何か」とか「社員の役割と仕事とは何か」とかの抽象的な項目が並んでいます。研修で聞いていて、実につまらない部分です。

ところが、いざ鎌倉となったとき、社員がその部分を思い出し、対応できるということが不思議でなりません。仕事も忘れっぽい社員が、あるべき社員の姿をよく覚えているなあと感心してしまいます。そのネタを明かせば、社員の皆さんも同じことを何回も聞かされているからなんです。

子供のころ、親から何回もお説教され、「わかった、わかった」と逃げ回っていた記憶はありませんか。そして大人になり、その当時うるさく言われていたことが、真理であったと気づくようになります。

「**人間は忘れる動物である**」これ真実だと思います。しかし私は、人様から聞いた話は大半は忘れるものですが、一部は脳の中に沈殿しているのではないかと考えているのです。その一部とはどれほどかといいますと、約10％くらい。ということは10の話を聞いて1を覚えているという感じです。としたならば、同じ話を10回程度聞かされると、その全体像が記憶という形で脳の中に留まっているのではないかと考えます。

社員を教え育てるには、まずO・J・T（On the Job Training）です。実際の仕事場で、上司や先輩が教えていきます。これに優るものはありません。この**O・J・Tを補佐しているのがOFF・J・Tです。現場を離れての集合研修**です。私がいま、社員教育をしなければ社員は伸びていきませんよ、と申し上げているのはこのOFF・J・Tのことです。中小企業では集合研修を実施していない企業もありますので、正直いって若干気になるところです。社員を集めるのも大変ですし、外部講師に依頼すれば、費用もかかります。しかしそれでも定期的に実施した方が、社員レベルは確実に向上していきます。

講師は社内講師だけでも良いし、外部講師との抱き合わせでも構いません。あるいは外部講師だけでもOKです。**多忙を極める日常業務から離れ、あるべき論の話を人様から聞く。**そのときは心の中で反発しながらも、その一部が心の中に沈殿していき、いつの日か、なるほどと頷くときが来る。それが大きな力となります。

第6章

自己変革をイメージする

1 狙ったら絶対に諦めない自分をつくる

会社を良くしようと思ったら、何はさておいてもトップがその気にならないとダメです。商品とか社員の質とかいろいろありますが、それら諸条件の前にトップの意志を明確にする必要があります。

能力もない、経験もない、資金もない、あるのは健康な身体と強い意志力だけ、これで十分です。経験のない人は経験を積めばいい、資金のない人はまずお金を貯めることから出発する。お金を貯める努力のできない人は、起業してもいずれ失敗するから、やめた方がよい。人生は長いから何も急ぐ必要はありません。**「拙速」よりも「巧遅」**です。

自分はこうなりたいとか、自分の目標はこれだという線を明確にすることが第一歩です。ただここで注意すべき点は、100人中100人がこの種の願望を抱くことができますが、多くの人が途中で投げ出してしまいます。それは道中が苦しいからなんです。ところが一部の人は、同じような道中を歩みながらも、幾多の艱難辛苦を乗り越えて、ゴールテープを切っていきます。

途中リタイア組と完走組との違いはどこにあるのでしょうか。そんなに多くの相違点はありません。たった２点です。

その１点は、**狙ったら諦めないという強い性格**です。この強い性格は、ＤＮＡもありますが、子供のころからの生活環境に大きく影響されます。スポーツでも芸術でも勉強でも、何でも結構です。狙ったら達成するまで諦めないという訓練を日頃から行っている人は非常に強いです。その反対に、親兄弟から甘やかされて育った人は、少しでも辛いことがあると、すぐ挫折してしまいます。このような方が経営者になると、いずれ会社は倒産してしまいます。会社とは「**環境適応業**」ともいわれるくらいで、周辺はいつも超スピードで動いていますから、この変化に対応できないと脱落です。

もしあなたがすぐ挫折してしまう人なら、経営者にならないことです。従業員は職場を失うことになり、取引業者は何らかの迷惑を受けることになるからです。

どうしても経営者になりたいのであれば、自分を変える以外にありません。どんなに辛いことがあっても、ある程度の予知能力と執念があれば乗り越えることができます。**何事があっても成し遂げるまでは諦めないという強い性格の人間に、自分を変革することです。**もって生まれた自分の性格を変えるということは至難の業です。しかし決してできない訳ではありません。自分の願望と困難度とのバランスです。自分の願望が強ければ、自己変革はできます。どの程度の願望なのか、そしてその願望の原点は何なのか、またその願望は必ず達成しなければいけないものなのか等が重要なポイントになります。

もう1点は柔軟性です。身体ではなく**頭脳の柔軟性**です。1つのことを狙い、それを成し遂げるためには、長い期間を要します。10年～20年はザラにあります。しかしその間には、避けることのできない変化がいくつもあります。これは受け入れて乗り切る以外にありません。スタート時点は「A」を目指していましたが、ゴールしたときには「B」だったなんてのは日常茶飯事です。その逆らえない変化に対応できる頭脳の柔軟性がないと、企業を繁栄に導くことはできません。

何事にもひるまない強い意志と、多少の変化には順応できる柔軟性が、業績不振企業を救

うことができるのです。

努力にも限界があるということを、知ってもらう必要があります。身長も体重も標準をはるかに下回る人間が、アメリカ大リーグの野球選手になろうとしても無理です。我々の周囲には、これと似たような事例がたくさんあります。身体的条件をある程度求められるテーマでは、やはり限界があります。体重が重く、足の短い人が、オリンピックの１００ｍ走には挑戦できません。しかし経営の分野においては、この限界はありません。ご安心ください、マネジメントの分野ではたとえ身体障害者であっても、精神状態が正常であり、強い意志さえあれば、何ら問題はありません。

強い願望をもち、それを具体的目標に置きかえ、従業員たちにその思いを伝達し、自らも命懸けで取り組めば、その願望は達成できます。もし達成できないとすれば、ちょっとした辛さ、苦しさに音を上げ諦めてしまうからです。

現在のあなたの会社が業績不振に喘ぎ、いかにしてこの苦難を乗り越えようかとお考えの場合、まずあなたがやるべきことは**「この苦難を必ず乗り越えてみせるぞ」という強い思い**

をもつことです。これを確立してください。そうすると不思議なことに、改善のための具体的テーマが次々と浮かんできます。今までには思いつかなかったような大胆な策が見えてきます。それはそうでしょう。このまま潰れるわけにはいかないからです。

もしあなたが気の弱い人であるならば、自分を変えましょう。強い自分をつくりあげましょう。家族があり、社員があり、もし倒産するようなことがあれば、取引先も含め多くの人に多大な迷惑をかけることになります。

勇気を出して、自己変革に挑んでみましょう。苦しいこともたくさんありますが、その苦しさが生き甲斐になってくるから不思議です。

2 厳しく叱り、優しく褒める男に人はついてくる

人を褒めるということは、本当に難しいですねぇ。自分では褒めているつもりでも、相手から見たら何も褒められていないように思われてしまうこともあります。会社にとって良い

ことをしたんだから、社長さんもっと褒めてくださいよ、と訴える社員の声が聞こえてくるようです。

日本人は褒めることが苦手な民族といわれていますが、厳密にいうならば心の中では十分褒めているのに、その感情を素直に言葉にできないということなんです。心の中では感謝もしているし、褒めてもいる。しかし言葉にするのが恥ずかしいという照れ性のなせるワザなんです。

社員を上手に褒めることができれば、立派な経営者といわれます。あなたは褒め上手ですか？　もし上手でなかったら、ここで心を入れ替えて、褒め上手に変身してください。

しかし褒め方にも多少のコツがありますので、次に記してみます。逆効果の場合もありますので要注意です。

①「褒め上手になるんだ」という意識を強くもつ

これは非常に大切なポイントです。朝晩鏡を見るたびに、言葉でそう繰り返してください。人間は注意したり叱ったりすることは得意ですが、ほとんどの人が褒めることは苦手です。

②褒めるべきことを、褒めること

人間は自分の立場を良くしようとすると、褒めなくてもよいことを褒めまくって、気を引こうとします。これはいけません。褒められた本人は気づかないかもしれませんが、周囲の人はすぐ気づきます。あなた自身がバカにされます。

③大きな声で褒めること

周囲の人に聞こえるような、少々大きな声で褒めることが効果的です。あの人は良いことをすれば、それを認めてくれる人だと思われ、自分も褒められるようなことをしようと考えます。褒められた本人も悪い気がしません。

④小さなことは、すれちがい時に褒める

「先日はありがとう。随分助かったよ。○○君は△△については凄いんだな、見直したよ」簡単な褒め言葉ですが、値千金です。

⑤会議等の場で褒める

社員がいる前で褒めるということです。オーバー気味でなければ、褒められた本人も気持ちの良いものです。しかし注意すべきは、**オーバー目に褒めないこと**です。本人が困ってしまう場合があるからです。またこの褒め方を継続していると、何をすることが会社にとって良いことなのか、という判断基準を示すことができます。

⑥大きな褒め事は、１対１で

あまりにも大きな褒めごとは、１対１で差し向かいで行います。時間をかけてたっぷり褒めます。食事に誘って褒めるということも効果的です。場合によっては、記念品を贈答するのもよいでしょう。

⑦上司に報告する

直属の上司は褒めてくれたけど、その上の上司には情報が入っていなかったという場合、本人は落胆します。あの上司は、良いことをした場合、必ず上にも報告してくれるという安心感を与えることは、重要なポイントです。

⑧直接本人でなく、同僚や上司に褒めておく

「お前のこと、部長が褒めてたぞ」とか「お前の上司の△△課長が、お前のこと褒めてたぞ」……こんな声を聞いたら、本人は大喜びです。間接的な褒め方ですが、効果１０0倍です。お試しあれ！

⑨いつも叱ってばかりいる人が褒めると抜群の効果

「あのガミガミおやじが褒めたぞ〜」で、話題になるでしょう。家庭でも同じこと。ガンコ親父に褒められた子供は自信をもちます。いつも叱ったり注意ばかりしている人は、ここで大変身しましょう。

⑩「褒める」と「叱る」を上手に使い分ける

いつも褒めてばかりいると、ナメられます。**時にはキツイ叱りも必要**です。この2つを上手に使い分けてこそ、立派な上司になれます。

社員は叱らないと育ちません。しかし叱るだけではダメで、褒めるという調味料を入れます。褒めるだけでは有頂天な社員を育てるだけで、有能な社員は育ちません。叱るということにも若干のテクニックはありますが、細かいことは抜きにして、幹の部分のお話をしましょう。

叱るときには、徹底的に叱ってください。かわいそうだから手抜きして、などと考えてはいけません。なぜ君は叱られるのかを明確にしつつ、情け容赦なく叱りつけてください。それによって社員は育ちます。ある点だけに配慮していれば、叱られた社員は辞めていきません。

ある点の1つは、**社員を育てるのが自分の仕事なんだという意識をしっかりおもちいただ**

くことです。ゆめゆめ、この連中を利用して自分が昇っていくんだ、などと考えないことです。すぐ見抜かれます。どんなに怒られても、自分を育ててくれる人の言葉には、耳を傾けます。

ある点の2つ目は、**公平に叱ること**です。同じことをしたのにある人は叱られ、ある人は責められないということであれば、社員から不満が出ます。

ある点の3つ目は、**徹底的に叱った後、最後にフーッと力を抜くこと**です。正直いってこれは難しいかもしれません。しかしこの3点があなたの心の中にしっかり確立されていれば、いくら激しく叱っても誰も辞めていきません。中途半端な叱り方が、いちばんいけません。

悪いことは悪いと厳しく叱り、良い点はためらいなく褒めてあげるという単純な行為ができれば、あなたは人使いの名人です。

3 人前で喋れる自分をイメージする

テレビを観ていると、時々「政治討論会」のような番組があります。出席者はもちろん政治家ですが、それらの番組を観ていていつも思うことは、「政治家は話がうまいなぁ」ということです。

話の内容はともかく、話しっぷりは天下一品です。鋭く追及される場面でも、言葉巧みに論点をズラし、逃げ切っていくその姿には好感はもてませんが、スルスルかわしていくその話術には驚かされます。

芸能人やスポーツ選手が政治家になる場合があります。当初はたどたどしく喋っていても、しばらく見ない間にスピーチ上手に変わっているのでいつも驚かされます。話し方を指導する人もいるでしょうし、本人の向上心も非常に強いものがあるのでしょうが、究極的には慣れ以外の何ものでもありません。何回も人前で喋っているうちに、自然と上手になっていきます。

自分で事業を起こした人は、パブリックスピーチができないと困ります。話す機会はたくさんあるので、少しずつ上手になっていきますが、上手・下手は別として、自分の考えを人様に伝えなければなりません。まず会社の従業員です。彼らの前で社長は自分の考えを述べ、業務上の指示命令を出さなければなりません。次に取引先の人たちです。会合やら付き合いで話す機会はたくさん出てきます。そこで尻込みしていたのでは話になりません。さらに同業者仲間との会合等もありますから、話さなくてはならない機会はたくさんあります。

そこで1つだけ大切なことを申し上げます。

そのようなチャンスが来たら、何も考えずに話してください。**上手に話す必要はサラサラありません。尻込みしないでください。堂々と下手なスピーチをしてください。**それでいいのです。上手に話そうなどと考えたら、とても話す勇気が出てきませんから、むしろ下手に話すくらいの気持ちでちょうどよいのです。

もしあなたが最初から政治家のような巧みなスピーチをされたら、感心はされますが、逆に警戒されるかもしれません。

会社の業績向上を図るうえで最も困るケースは、経営者が人前で喋ることを嫌がる場合です。いくら下手でもいいんです。とにかく従業員たちの前で喋ってくれれば、それだけでいいのです。不思議なもので、**上手に話す人のスピーチは、聞き手の脳にあまり響かず、訥々と喋る人のスピーチは聞き手が耳をそばだててよく聞いてくれます。**それと政治家のスピーチの件で初めに述べたように、慣れてくれば誰でもうまく話せるようになります。

最も困るのは、喋りたくないという経営者のワガママです。会社を起こし、代表者となる以上、パブリックスピーチは必須要件となりますので、克服してください。そのためには自己暗示をかけるとうまくいきます。自分は上手でないけれども、人前で話すことはできるんだと暗示をかけてみてください。そして実際に人前で話してみてください。自分でも驚くほど、喋れるものです。

前著（『できる男は、ここが違う』）でも書きましたが、私は子供のころからキツイ吃音者でした。私の姓は「戸田」ですが、このトダが詰まってしまいなかなかうまく言えないのです。ですから、自己紹介の場面が一番困ります。司会者に「ハイ、次の方どうぞ」などと言われて自己紹介を促されると、もう地獄です。

同学年にお仲間さんがもう1人いましたから、多少救われた感はありましたが、もう本当に学校に行くのがイヤでした。

子供のころのこの体験が非常な重荷でした。税理士試験に合格したその翌年、28歳で会社を設立したのも、従業員が入社すれば必然的に喋る機会が増えるだろうと考え、そうすればごく自然に人前で話すことに慣れ、吃音を克服できるだろうと思ったからです。従業員10人くらいの零細企業でしたがこの試みは成功でした。全然ドモらなくなったという訳ではありませんが、人前で喋ることに慣れてきて、上手ではありませんが、なんとかスピーチができるようになりました。

良き経営者になるためには、人前でスピーチができないと勤まりません。決して上手に話す必要はありませんが、**心あるスピーチ**をすることが求められます。そのためには、自己暗示をかけ、喋らなければならない立場に自分を置くことです。

大勢の人々の前で、堂々と喋っている自分を想像してみることです。要するに、イメージすることです。今までは人前で喋ることに強い恐怖心を抱いていたものが、ごく自然に恐怖心が消えていきます。そしてゆくゆくは、人前で話すことが快感に変わっていきます。まあ、そこまで行く必要はありませんが、人前で喋ることの苦手意識を克服しないことには、会社を動かすことはできません。

また同じことを申し上げますが、うまく喋ろうと思ってはいけません。途中で詰まってもいいですし、間違えても構いません。**人間としての誠意のある話し方であれば、聞き手は感動してくれます。**いくら言葉巧みに話してみても、心のこもっていない話は聞き手にすぐバレてしまいます。話している人の目を見れば一目瞭然です。人間の心は、必ず目に現れるからです。

4 大きな夢を描け、そして表明しろ、引っ込みがつかなくなるように

昔から言われ続けている言葉に**「夢は実現する」**というのがあります。あなたはこの言葉を信じることができますか？　私は信じることができます。誰でも若いころから夢はもって

います。夢を実現することができるのであれば、万人がその夢を実現しているはずです。しかし現実には、若いころから抱いていた夢を諦めている人がたくさんいます。

その原因は、夢の中断です。一度描いた夢を、もち続けることができないのです。人間が生き続ける道程には、さまざまな難問が浮上してきます。それらの問題点と向き合っているうち、大切な夢を抱き続けることが、できなくなってくるからです。


夢の中断は、なぜ起きるのでしょうか。私はその原因として2点を挙げることができます。

その1つは、**問題点の過大評価**です。我々の進む道には、程度の差はありますがいつも難問が山積しています。恐らくこの傾向は死ぬまで続くでしょうが、第三者から見たら大した問題でもないのに、本人から見たら難問中の難問に映ってしまうことがあります。

もしあなたが過去においてさまざまな難問に遭遇し、それらを乗り越えてきた人であるならば、それらを難問とは感じないでしょう。しかし過去に大きな問題と出合っていない人は、小さな些細なことでも難問と受け止めてしまいます。そうすることによって神経は緊張し、もてる力を十分に発揮することはできません。いかなる問題が発生しても、簡単ではないけれども、自分ならこれは乗り越えることができると言い切れるような、豊富な経験を積んでおきたいものです。

２つ目は、**自己能力の過少評価**です。私たちは生まれたとき、素晴らしいたくさんの能力を両親から貰ってきています。これは私たちの身体の中に潜在能力として存在しています。これを使わない手はないのです。ところが多くの人々が、この貴重な能力を顕在化させることなく、眠らせたまま墓場まで持ち込んでしまいます。

この能力開発には１つの法則があります。それは〝**挑む**〟**こと**です。挑戦するということです。一見乗り越えられそうもないと思える難問に敢然と挑戦することにより、潜在能力が顕在化するのです。能力開発はそれしかありません。別の項でも書いていますが、上司から仕事を命令されたとき、「たとえ自信がなくても引き受けろ」と言っているのは、この能力開発の一環だからです。

あまりにも慎重すぎる人は、自分のもっている能力を最大限に発揮することはできません。よろしいですか、**挑戦することこそ能力開発の最大の秘訣**であることを忘れないでください。

ただこれら2点を克服して身につけても現実的には夢を描けない人がいます。過去にいくつかの挫折と経験をしてきた方です。また今度も失敗するのではないか、という強い不安に駆られます。この強い不安感のため、実力はありながらもつい失敗してしまうケースは避けなければなりません。

この不安感を払拭する薬が、**強い欲求**です。不安感と強い欲求が綱引きをして、その勝者に軍配が下ることになります。欲求の強い人は、意志強固です。どうしても自分はこうなるんだ、と決めた人は、何があっても諦めません。形を変えて挑み続けます。その結果、想像を絶する能力を開発し、物事を成功に導いていきます。

以前、ある登山家に聞いた話ですが、山で遭難したとき、生き延びることのできる人は、**「どうしても生きて帰るんだ」**という強い意志のある方だそうです。「どうなるんだろうか」と強い不安を抱く人は助からないことが多いそうです。

人間には2通りのタイプがあります。自分の考えはあまり人に話さず、場合によっては妻にさえ話さず、黙々と業務を続けるタイプです。もう1つは周囲の人々に自分の考えや目標を話し、協力を得ながら、目標を達成していくタイプです。

前者は自分の目標を誰にも話しませんから、たとえ未達成の場合でも自分が傷つくことはりません。後者の場合は、もし中途で挫折したら周囲から色メガネで見られますから、辛い思いをすることがあります。しかし、リーダーになろうとする人は、後者を選ぶ必要があります。

正直いいまして、後者の場合は非常に大変です。自分の夢を周囲の人々に大々的に話し、もしそれが達成できない場合には、ホラ吹きのレッテルを貼られます。**自分の夢をオープンにし、確実にそれを実現できる人だけが強いリーダーシップを発揮し、チームのリーダーになれます。**

「夢を描く」だけでは、完全ではありません。強いリーダーになるためには、自分の夢を周囲の人々に公表することが求められます。公表した夢が実現できなければ、あなたの信用はガタ落ちです。故に公表する夢は、あまり大袈裟なものはいけません。しかし実現可能な部分だけでは、人様から信頼を得ることはできません。

少し背伸びをしなければ届かないくらいの目標を設定し、その目標を周囲の人々に知らしめ、全力を発揮して目標達成に邁進する姿を周囲の人々に見せる必要があります。

これによってあなたの実力は正しく評価され、真のリーダーになることができます。

5 行動派の経営者であれ

何かを成し遂げる男は、例外なく行動派です。思索中であっても、仮の結論が見えたら即座に身体が動いてしまいます。そして動きながら、アレコレ考えていきます。さあこれから動くぞ、というのではなく、ごく自然に腰が浮いてしまうのです。時間をかけ、ジックリ思索する場合も確かにあるでしょう。しかしこれは、大きな問題に限られます。**日常的に起こる小さな問題は、走りながら考えます。そして解答を引き出しながらまた走ります。**

知人の画家から聞いた話です。「絵描きはサラリーマンじゃないから、出退勤がない。いつもが仕事でいつもがお休み。私生活と仕事との区切りがありません。夜中にパッと閃くと、すぐ起きて筆をとるんですよ」この気持ち、よくわかります。

私にとって、横浜の山下公園は非常に懐かしい場所です。というのは、私が目黒区の祐天寺に住んでいたころ、夜中にアイデアが閃くと、車を走らせて山下公園まで行ったものです。

海を見ながらベンチに座りそのアイデアをノートに書きとめた記憶があります。時には警察官から職務質問を受けたこともありました。

アイデアや閃きは、机の上からは決して生まれません。方針とか進路を決める場合には、机上での熟考が適していますが、日常業務での方法論やアイデアは、動きの中から生まれてきます。

たとえば、車を運転しているとき、テレビを観ているとき、仲間とお酒を飲んでいるとき、ゴルフをしているとき、電車に乗っているときとか、何かをしているときに突然浮かんできます。**これをしっかりと頭の中にメモすることが大切なんです。**会社に戻ったとき、自宅に帰ったときに忘れてしまったのでは意味がありません。この忘却を防ぐためにメモする習慣の重要性が叫ばれています。このメモは単語1つで十分です。事細かく書く必要はありません。単語でも、1文字でもすぐ思い出すことができます。

どんなに小さな問題でも、よく考えてからお返事致します、という方がいらっしゃいますが、概してこのようなタイプの方は、仕事があまりできない方が多いようです。

この方式を続けていきますと、返答すべき問題が増えすぎて、終いには忘れたり、間違った回答を出してしまいます。自分を重く見せるために時間稼ぎをする方は、実際はあまり物事を考えていません。ただポーズを作っているだけです。

それに引き換え、即断即決するタイプの方は、常時問題意識をもち、いつも何かを考えている。そして**何か問題が発生すると、日頃から蓄えているデータをベースに、集中的に思考するという習慣**ができ上がっています。そしてジックリ考えて出した結論よりも、良い結論になるケースが多くあります。

あなたは、行動派の経営者でしょうか。もしそうでなければ、自己変革をして行動派の人間に変わりましょう。そんなに難しいことではありません。まず、自分がどうなりたいのかを明確にし、その執念をもち続けることです。この欲求が強ければ、行動を起こさなければ何の成果も出ないことが、痛いほどわかります。行動を起こさず、自分の考えを述べるだけで業績がアップするのであれば、こんな楽なことはありません。

まず言って聞かせる、次にやって見せる、あなたの背中を見て社員たちは自分でやってみます。自分でもできたと喜び、さらに上の目標に挑戦していきます。

次に、スポーツをやってみることです。大体何らかのスポーツをやっておられる方は、行動派の方が多いようです。どんなスポーツでも構いません。ある程度継続されている方は確かに行動派です。

次に完璧な人生なんて、あり得ないんだと思うことです。**熟考したうえでの結論と、即決の結論とを比較してみると、成功の確率は同じです。**いずれの場合にも、ある程度の失敗はついてまわる、ということです。

この失敗を恐れては怖くて何もできません。どの解答を出したとしても、多少の失敗はついてまわると思っていた方がよいのです。それもリカバリーできる程度の失敗がいいですね。致命的な失敗は、やはりズシーッときますから。

失敗もリカバリー対策も、すべて走りながらの現象です。机上で考えることはあまりしません。**考えているその直後には、身体が動いているような自分を作り上げてください。**このように行動的な人物が会社の一大事のときには、髪の毛が薄くなるほど熟考しますから、これもまた不思議です。

私の知人のある社長さんのお話をしましょう。衣料品の問屋を営む会社の社長ですが、従業員は30名くらいです。非常に真面目な方で、午前9時始業ですが、8時30分には必ず出社していています。勉強好きな方で、業界の動向や経済情勢にも精通しています。社員とのコミュニケーションも上手で、皆さん非常に活気に満ちて働いています。

しかしこの社長にも大きな欠点があります。それはフットワークが重いということです。腰が重いといいますか、ほとんどの出来事を頭で受けとめ、頭脳で解決しようとしています。そのため、事の真意が判明せず、誤った対策を講じることが時々あります。

事が起きたら即行動を起こし、自分が出向くとか、関係者を集めて検討するとかすればよいのですが、本人が非行動派なものですから、スピード感に欠けてしまうのが難点です。たくさんの得意先があるのに、その1割くらいしか訪問したことがありません。社員30名くらいの会社では、社長が営業部長です。**営業部長であるならば、時間の許す限り外堀の空気を吸い、なるべく多くの人に会い、戦闘能力を高める心掛けを忘れてはいけません。**

6

1日30分の読書が名経営者を育てる

五十の手習いとか、六十の手習いとかよくいいますが、この手習いという言葉の中には、多くの意味が含まれています。一言でいうならば、学ぶという意味ですが、経験を重ねるだけでは長丁場の勝負には勝てません。**勝つためには、数多くの経験と、勝つためのノウハウをもつ必要があります。**

そのためにはまずセオリーを学ぶことです。諸先輩たちが、数多くの経験の中から築いてくれた勝つための理論があります。これをしっかり学んで自分のものとし、そのうえで数多くの自己体験を積むことにより、勝負に勝つノウハウを手に入れることができます。単なる経験だけでは、それはできません。

私がまだ若かりしころ、多分二十代の後半だったと思いますが、読書に没頭した時期がありました。後にも先にも、読書嫌いの私が読書したのは、自慢ではありませんが、この時期以外にありません。主なテーマは歴史上の人物でした。数多くの歴史に名を連ねている人々が、その時代をいかに考え、いかに行動したのかを知ることが、読み進むうちに知りたくなってきたのです。

その中の1冊に、著者は多分吉川英治さんだったと思いますが、中国の歴史を描いた『三国志』という本がありました。数多くの武将がいる中で、私は劉備玄徳という武将に興味をもちました。全部で24巻だったと記憶していますが、見ただけでゲップが出てくるようなボリュームです。登場する人物の数も多く、なじみのない名前が多いので、途中投げ出したくなるような本でした。何とか最後まで読み切りましたが、その中に「諸葛孔明」という軍師がいます。劉備玄徳が三顧の礼を以て迎えたという、立派な軍師です。

ある場面で味方の兵士は千人、相手方の兵士は10倍の1万人と戦う場面がありました。その戦いを軍師が考案し、部隊が実行する訳ですが、相手方の1万人の兵士を狭い谷間に誘い込み、両脇から襲って勝利を収めてしまいます。

狭い谷間ですから、少人数ずつしか通れません。読み進んでいくうちに、立地条件にもよりますが、こんな手があったのかと感嘆したものです。私も本当にビックリしましたが、未だにこのシーンは、『三国志』という本を思い出すと浮かんできます。

それと同時に、方法というものはあるものなんだな、勝つんだという気持ちさえあれば、方法論は必ず存在するんだという信念をもつことができました。

私たちの眼前には、難問が山積しています。これらの難問をことごとく解決しないことには、会社を伸ばすことはできません。そしてこれらの難問を解決していくためには、経験と知見が必要です。経験することはもちろん大切なことですが、それだけでは難局を乗り切ることができません。先輩や友人たちから数多くの成功談や失敗談を聞き、あらゆる業界のリーダーたちからの話に耳を傾け、先人たちが作り上げてくれた成功するためのセオリーを学んでいく心が必要となります。

数少ない自己体験に満足することなく、多くの人々の講演会に足を運び、研修会等にも積極的に参加し、暇を見つけては先人たちの歩みを読書を通じて知るという努力が必要です。

私が経営者の皆さんにお勧めしたいのは、1日30分の読書です。もちろんそれ以上の方も多数いらっしゃいますが、**24時間中最低30分だけは読書に充てる**ということです。

実際に会社経営をしてみますと、資金繰りの問題、売上不振、従業員問題等で振り回され、読書する暇なんかあるものかとお叱りを受けそうですが、それを覚悟して私は申し上げたいのです。

移動中でも、食後でもよし、就寝前でもよし、いつでも、どこでも構いません。１日30分の読書時間を確保してほしいのです。分野は何でも結構です。経営書、歴史小説、文芸書、哲学書等何でも構いません。多忙を極めた１日の中に、読書という静寂な時を織り込んでほしいのです。

経験することを〝動〟としたとき、知見は〝静〟の働きをします。この両者のバランスがとれた状態が、経営者にとって最も望ましいのです。皆さんの周囲をよく見渡してみてください。名経営者と言われる人々は、例外なくこの動と静のバランスがとれています。

もし自分は動の部分が多いかなと思われる方は、静を取り入れてください。その逆で、静の部分は多いけれども動が少ないかなと思われる方は、経験を重ねるという動の部分を取り入れてください。今までにない新しい自分を発見することができます。

私の友人に、読書好きな男がいます。小さな会社を経営していますが、業績は良くもなし、悪くもなしという状態です。読書好きだけあって、知的な雰囲気は漂わせていますが、パッと見てどうもエネルギッシュではありません。私はこの点が不満なんです。お前も経営者なんだから、仕事の暇なときに、読書ばかりしていないで得意先でも訪問して営業のお手伝いでもやれよ、とよくお説教をするのですが、私の話など聞く耳をもちません。

その彼に私はあるとき、質問をぶつけたことがありました。「お前はどうして読書がそんなに好きなの？」と聞きました。返ってきた答は次のようなものでした。「本の中には俺の知らないことがたくさん書いてあるから、それらを知ることが楽しいんだ。お前は知りたくないのか？」ついに私が逆襲されてしまいました。

その時私は正直いって、コイツは経営者には向かないわと実感しました。**企業経営は結果です。それも一時的なものではなく、継続的な結果です。そのため経営者に求められるものは、動が主であり、静が副です。**これが逆になったら、経営者は勤まりません。自己変革に挑みましょう。

7 「許す心」をもつと、自分が成長できる

何が難しいといって、自分を裏切った人間を許すことほど難しいことはないでしょう。喜びの感情はすぐ消えてしまいますが、憎しみの感情は一生引きずってしまいます。特に肉親間の憎悪は、まともに見られるものではありません。

しかし会社の業績を伸ばすためには、この憎しみの感情を抑え、相手を容認する気持ちをもたないと、とてもやっていけません。憎い相手を許すということです。

仕事のできる人間ほど、許容の精神が少ないと言われています。この言葉は当たっています。すべての判断基準が自分にありますから、自分は絶対に裏切らないのに、なぜアイツは俺を裏切ったんだ、コンチキショーとなるわけです。そしてこの裏切り行為をバネにして、その人は伸びていきます。「必ず俺は成功して、アイツを見返してやるぞー」となり、実際に成功していくタイプの人が非常に多いのです。

我々人間が伸びていくためには、その動機が必要です。子供のころ、極貧の生活を強いられた人は、二度とあのような生活はしたくないと思い、寝る間も惜しんで頑張ります。欲求の強い人は、それを満たすために、猛ハッスルします。人様への憎しみも、立派な動機になります。

しかしこの憎しみの感情も、永遠に持続できるものではありません。二十代〜三十代に経験させられた辛い裏切り行為も、年月の経過とともに次第に憎しみの感情が薄められていきます。

その原因は2つあります。1つはあなた自身がさまざまな経験を積み、**人間のもつ二面性**に気づくからです。どんなに悪人であっても100％悪い人はいない、どこかに必ず良い部分をもっている、ということに気づくからです。反対に、善人面をしているいかなる人間でも、心の片隅には多少の悪意をもっているということも同様です。

もう1つは、あなたを裏切ってしまった人間も、経験と成長を続け、**あなたに対し反省の色を滲ませる**ようになってきます。

これが通常の姿です。もし二十代に裏切られた人間に対し、五十代、六十代になっても憎しみの感情が同じであるとすれば、あなたは成長していないのです。人間というものがよく理解されていません。

人間は年月の経過とともに成長し、変わっていくんだという現実を受け入れるようになります。人間のもつ二面性が理解できたとき、あのときの裏切りの背景にはそんな事情があったのかと気づき、その人の裏切り行為の一部を許せるようになります。

この許容する心が芽生えてこない限り、あなたも大きく成功することはできません。

少し前、テレビの超人気番組「半沢直樹」が終わりました。私もこの番組に興味をもち、毎週日曜日の夜9時から観ていました。主人公の半沢直樹が香川照之扮する常務取締役の不正を暴き、大団円で終了する予定でしたが、不正はしっかり暴いたものの、北大路欣也扮するその銀行の頭取は、意外にも功績のあった半沢を関係会社に飛ばし、悪の張本人である常務取締役をクビにせず、そのまま留任させてしまいます。

私はこの最後のシーンは納得できませんでしたが、どのような背景と含みがあるかは別にして、頭取は悪の張本人である常務取締役を許したのです。恐らく下心あってのことでしょうが、その後の常務は頭取に忠誠を誓い、身を粉にして銀行のため、頭取のために粉骨砕身の努力をされることでしょう。そこを狙ったのです。

許すという行為には、もの凄いエネルギーが秘められています。許された人は、先程の常務取締役ではありませんが、以前の数倍のエネルギーを仕事に注ぎ込んでくれます。私はこのようなケースをたくさん見てきました。

しかし、許すということは非常に難しいことです。誰にでも簡単にできることではありません。**でも人の上に立つ人や、会社を経営している人たちには、どうしても必要な資質の1つです。**自分に対して厳しい人には、ある程度の人々はついていきてくれます。しかし万人がついていきてくれる人とは、自分には厳しいけれども、他人には寛大な人です。

しかし、ここで1つだけ注意しておきます。自分には厳しく、他人には寛大が良いんだと書きましたが、実はこれは間違いです。正しくは、自分には厳しく、他人には厳しくもあり、寛大でもあるということなんです。

他人に寛大であるだけでは、彼らはあなたに甘えてしまいます。「あの人はミスっても許してくれるから、気が楽だよ」という感じで、甘い社員を育ててしまいます。「あの人は自分にも厳しいけれども、オレたちにも厳しい。だけど、不可抗力のミスとか、全力を出しても失敗したような場合は許してくれるよな」このような声が周囲から出るようであれば、あなたは本物です。社員であれ家族であれ、あなたを慕ってついてきてくれます。

「厳しさと許容心の同居」——これは難しいけれども、人の上に立つ人のテーマです。これを成り立たせるためには、一時点だけを見てその人を１００％判断するのではなく、人間は進歩するという前提と、すべての人が二面性を備えているという点に着目すべきです。

著者プロフィール

戸田 裕陽（とだ やすはる）

◎経営コンサルタント、税理士。会計事務所勤務を経て27歳で税理士試験合格。合格と同時にプロの経営コンサルタントの道に進む。34歳まで経営コンサルタント会社に勤務し、その技法を習得。7年間のこの経験が、後に大いに役立つことになる。

◎34歳で戸田会計事務所、戸田経営研究所として独立。コンサルタントの仕事が楽しくて、50歳ごろまで研修・講演で全国を飛び回る。経営問題や節税対策に強い税理士としても活躍。近年、労務問題に興味をもち始め、労働法規を猛勉中。趣味は水泳・スノボー・大型バイク・サーキット走行・海外旅行。モットーは「意あれば道あり、意のないところ道はなし」

著書／『会社の税金まだまだあなたは払い過ぎ!』(フォレスト出版)、『社長、あきらめるのはまだ早い!』(出版文化社)、『人を動かす137の法則』『叱って育てろ!!』『サラリーマン時代の考えは捨てなさい! 独立起業を考える方への実践的アドバイス』(以上、文芸社)、『さあ起業しよう、そして成功させよう なぜ私は「独立」を勧めるのか』『賢く納めて得をする税金のヒント65』『できる男は、ここが違う』(以上、万来舎)

戸田会計事務所所長、戸田経営研究所所長
株式会社ビジネス・スタッフ代表取締役
株式会社セールスプロモーション代表取締役

［戸田裕陽事務所］
ＨＰ：http://www.todakaikei.jp
住所：東京都渋谷区宇田川町2-1
渋谷ホームズ908
TEL：03-3464-5830
FAX：03-3770-3054

こうすれば会社は伸びる！ 今から取り組める65の基本

2015年3月15日　初版第1刷発行

著　者　戸田裕陽
発行者　藤本敏雄
発行所　有限会社 万来舎
〒102-0072　東京都千代田区飯田橋2-1-4　九段セントラルビル803
［Tel］03-5212-4455
［E-mail］letters@banraisha.co.jp
印刷所　株式会社エーヴィスシステムズ

NDC

ISBN978-4-901221-89-4